westermann

Hans Lambrich, Margit Lambrich, Klaus-Wilfried Schwichtenberg

Winklers

Ratgeber

für die

Textverarbeitung

nach DIN 5008 (Stand: 2020)

11. Auflage, 2020

Bestellnummer 7344

Die in diesem Produkt gemachten Angaben zu Unternehmen (Namen, Internet- und E-Mail-Adressen, Handelsregistereintragungen, Bankverbindungen, Steuer-, Telefon- und Faxnummern und alle weiteren Angaben) sind i. d. R. fiktiv, d. h., sie stehen in keinem Zusammenhang mit einem real existierenden Unternehmen in der dargestellten oder einer ähnlichen Form. Dies gilt auch für alle Kunden, Lieferanten und sonstigen Geschäftspartner der Unternehmen wie z. B. Kreditinstitute, Versicherungsunternehmen und andere Dienstleistungsunternehmen. Ausschließlich zum Zwecke der Authentizität werden die Namen real existierender Unternehmen und z. B. im Fall von Kreditinstituten auch deren IBANs und BICs verwendet.

service@westermann.de
www.westermann.de

Bildungsverlag EINS GmbH
Ettore-Bugatti-Straße 6 -14, 51149 Köln

ISBN 978-3-8045-**7344**-4

westermann GRUPPE

Inhalt

Abc der Schreib- und Anordnungsregeln

Abholangabe ⇨ Anschriftfeld

Abkürzungen (zur Rechtschreibung ⇨ S. 46)

Nach dem Abkürzungspunkt folgt ein Leerzeichen. Steht eine Abkürzung am Satzende, so ist der Abkürzungspunkt zugleich Satzschlusspunkt.

`bzw., d. M., u. a., u. Ä., z. T., z. B., zz.` oder: `zzt.`
`Lieferprobleme hat zz. auch die Metallindustrie.`
`Der Bericht enthält Tipps, Hinweise, Vorschläge usw.`

Absätze

Kennzeichen eines Absatzes ist die Leerzeile. (In den Beispielen dieses „Ratgebers" ist die Leerzeile jeweils durch einen Punkt gekennzeichnet.)

```
Briefe ohne Absätze sind unübersichtlich und mindern die Leselust.
.
Sie haben viele Möglichkeiten, Ihre Schriftstücke zu gliedern und
wichtige Textstellen hervorzuheben.
```

Abschnitte und Abschnittsnummern

Die Abschnittsüberschriften erhalten Nummern. Am Ende der Abschnittsnummer steht **kein** Punkt. Nach der Abschnittsnummer folgen (mindestens) zwei ⇨ Leerzeichen.

Die Abschnittsnummern und die Texte der Abschnitte beginnen jeweils an derselben Fluchtlinie.

```
1.2     Das Gesicht des Briefes
.
1.2.1   Der Schriftverkehr und die Normung
.
        Für den Schriftverkehr gelten Normen. Was ist Normung?
        Das DIN ...
.
1.2.2   Die Papierformate
.
        Ausgangsformat für Briefblätter ist ein Rechteck, dessen ...
```

Absenderangabe auf privaten Briefen ⇨ Briefmuster 4 und 5

Additionszeichen ⇨ Rechenzeichen

Akademische Grade

Akademische Grade sind z. B. *Dr. (Doktor), Dipl. (Diplom).* Sie stehen – im Gegensatz zu ⇨ Berufs- und Amtsbezeichnungen – **vor** dem Namen. Bachelor- und Mastergrade wie *B. Sc. (Bachelor of Science)* oder *M. A. (Master of Arts bzw. Magister)* werden in der Regel hinter dem Namen aufgeführt. Da es bei „Professor" nicht erkennbar ist, ob es sich um eine Amtsbezeichnung oder einen akademischen Grad handelt, sollte „Prof." unmittelbar vor dem Namen stehen.

```
Frau Amtsärztin
Dr. med. Margit Wagner

Herrn
Dipl.-Ing. Kurt Richter

Frau
Prof. Eleonore Schön

Herrn
Prof. Dr. Ewald Berger

Herrn
Bernd Braun B. Sc.

Frau
Dr. Inge Zimmer M. A.
```

Akzente

Die Akzenttaste ist **vor** dem Anschlag des Buchstabens zu betätigen.

Akut (Accent aigu) — ohne Umschaltung: `Exposé`
Gravis (Accent grave) — mit Umschaltung: `Crème de la Crème, à`
Zirkumflex (Accent circonflexe) — Taste links der Ziffer 1: `Crêpe`

Anführungszeichen (⇨ auch Hervorhebungen)

Sie werden ohne Leerzeichen vor und nach den von ihnen eingeschlossenen Textteilen geschrieben. Als halbes Anführungszeichen dient der Apostroph.

```
Wie gefallen Ihnen die neuen Modelle „Rom“ und „Kopenhagen“?
Der Kunde schreibt: „Das Modell ‚Rom‘ gefällt mir sehr gut.“
```

Anlagenvermerk (⇨ auch Briefmuster 1, 2, 3 und 5)

Er beginnt an der ⇨ Fluchtlinie. Vom Gruß (oder der Firmenbezeichnung) bis zum Anlagenvermerk sind mindestens drei Leerzeilen vorzusehen.

Der Anlagenvermerk darf auch 125 mm von der linken Blattkante (= 100 mm vom linken Rand) beginnen. Dann ist er mit einer Leerzeile vom Text abzusetzen.

Das Wort „Anlage" bzw. „Anlagen" ist in Fettschrift zu schreiben, wenn der Betreff fett ist.

(siehe Briefmuster 2 und 5 auf den Seiten 33 und 36)

Bitte kommen Sie Dienstag, 5. d. M.(,) zum Vorstellungsgespräch.
.
Freundlichen Gruß
.
.
.
Anlagen (in Fettschrift, wenn der Betreff fett ist.)
2 Personalbogen

oder:

Bitte kommen Sie Dienstag, 5. d. M.(,) zum Vorstellungsgespräch.
.
Freundlichen Gruß

Anlagen (in Fettschrift, wenn der Betreff fett ist)
2 Personalbogen

Anrede

Sie beginnt zwei Leerzeilen nach der Betreffangabe an der ⇨ Fluchtlinie und wird durch eine Leerzeile vom Textbeginn getrennt. Heute steht hinter der Anrede meist ein Komma, ganz selten ein Ausrufezeichen. Nach dem Komma wird das erste Wort des Brieftextes kleingeschrieben (falls es nicht als Substantiv oder Anredepronomen großzuschreiben ist).

Sehr geehrte Frau Schneider,
.
für Ihre Bewerbung als Sekretärin danken wir Ihnen. Mit diesem ...

oder:

Sehr geehrte Frau Schneider!
.
Für Ihre Bewerbung als Sekretärin danken wir Ihnen. Mit diesem ...

Anschriftfeld (⇨ auch Berufs- und Amtsbezeichnungen, Einzelunternehmen und Musteranschriften, S. 30 und 31)

Das Anschriftfeld ist nach wie vor 45 mm hoch und 85 mm breit. Der obere Teil des Anschriftfeldes enthält die Zusatz- und Vermerkzone. Die Anschriftzone schließt sich nach unten an.

Zusätze und Vermerke sind Vorausverfügungen („Nicht nachsenden), Produktbezeichnungen („Einschreiben") und elektronische Frankiervermerke.

In der Zusatz- und Vermerkzone steht die jeweils oberste Zeile für die einzeilige Rücksendeangabe (Absenderangabe), für andere Angaben und Vermerke stehen die vier folgenden Zeilen zur Verfügung.

Die Anschriftzone besteht aus 6 Zeilen.

Die Angaben in der Zusatz- und Vermerkzone schreiben Sie in Schriftgröße 8 – die Anschrift wie gewohnt mindestens in Schriftgröße 10. Um sich näher zu informieren, sehen Sie sich bitte die Musteranschriften auf den Seiten 30 und 31 an.

Anschriftfeld (Fortsetzung)

5
4
3 ↑ *Beschriftung aufwärts*
2 Einzeilige **Rücksendeangabe**
1 **ggf. gefolgt von Zusatzangaben und Vermerken**
1 **Anschriftzone**
2↓ Beschriftung abwärts
3
4
5
6

Auslandsanschriften (⇨ Musteranschriften Nr. 16 – 20)

Postalische Vermerke (z. B. *Mit Luftpost – BY AIR MAIL*) werden **nicht** geschrieben, sondern durch Aufkleber (am Postschalter erhältlich) markiert.

Die Empfängerbezeichnung beginnt stets in der 1. Zeile des 6-zeiligen Anschriftfeldes. Bestimmungsort in GROSSBUCHSTABEN (möglichst in der Sprache des Empfängers); Bestimmungsland ebenfalls in GROSSBUCHSTABEN, jedoch in deutscher Sprache.[1] Anordnung und Schreibung der einzelnen Bestandteile entnimmt man nach Möglichkeit der Absenderangabe des ausländischen Partners.

```
.
.
.
.
einzeilige Rücksendeangabe
MRS SUSAN M HAWKES
9602 WAVERLY ROAD
OMAHA NE C8 147-1223
USA
.
.
```

```
.
.
.
.
einzeilige Rücksendeangabe
Monsieur J. Guillot
Directeur commercial
77 rue de Sèvres
75006 PARIS
FRANKREICH
.
```

Apostroph

Der Apostroph (das Auslassungszeichen) ersetzt ausgelassene Buchstaben oder Wortteile. Er wird auch als ⇨ halbes Anführungszeichen verwendet.

```
Schmitz' Café ist gut besucht. 's ist dort gemütlich.
D'dorf, Lu'hafen, M'gladbach. Das war 'n Riesenerfolg!
```

[1] Die US-Postverwaltung empfiehlt, in der Empfängeranschrift nur Großbuchstaben ohne Abkürzungspunkte zu verwenden. Hinter dem Bestimmungsort steht abgekürzt der Bundesstaat (hier *NE* = *Nebraska*). Es folgt die mehrstellige Postleitzahl.

Aufzählungen

Bei Bedarf können sie gekennzeichnet werden durch Ziffern, Buchstaben, Mittestrich o. Ä. (z. B. Sterne). Auch Aufzählungszeichen aus einem Textverarbeitungsprogramm dürfen verwendet werden.

Gliederung durch Ziffern

```
Die Sieger des Preisausschreibens erhalten Geldpreise:
.
1. Preis: 10.000 EUR
2. Preis:  5.000 EUR
3. Preis:  3.000 EUR
.
Es lohnt sich also, bei diesem Preisausschreiben mitzumachen.
```

Gliederung durch Ziffern und Kleinbuchstaben mit Nachklammer

```
Bitte werben Sie in den nächsten Wochen und Monaten vor allem für:
.
1. Sessel aus Leder und Chrom
.
   a) Chefsessel mit Hochlehne
   b) Bürosessel mit etwas niedrigerer Rückenlehne
.
2. Spezialmöbel für Empfangsräume
.
   a) Regalwagen mit Fachböden
   b) dreiteilige Couchtische
   c) Dreisatztische
.
Schon heute wünschen wir Ihnen gute Verkaufserfolge.
```

Gliederung durch Mittestrich ⇨ Briefmuster 2

Auslandsanschriften ⇨ Anschriftfeld, Musteranschriften Nr. 16 – 20

Auslassungspunkte (⇨ auch Mehrseitige Schriftstücke)

Drei Auslassungspunkte zeigen an, dass in einem Wort, Satz oder Text etwas ausgelassen wurde. Stehen Auslassungspunkte am Satzende, entfällt der Schlusspunkt.

```
Herr Fein ... schreibt: „Frau ... ist mit dem Tisch zufrieden ..."
```

Ausrufezeichen ⇨ Satzzeichen

Bankleitzahl ⇨ IBAN

Berufs- und Amtsbezeichnungen (⇨ auch Musteranschriften Nr. 4, 5, 7, 9)

Sie stehen in der Regel neben „Frau“ oder „Herrn“.

Besondere Zahlengliederungen ⇨ IBAN, Postfachnummer, Postleitzahl, Telefaxnummer, Telefonnummer

---

Betreff (⇨ auch Briefmuster 1 – 5)

Der Wortlaut des Betreffs ist zwei Zeilen nach dem ⇨ Informationsblock zu schreiben. Hervorhebung durch Fettschrift und/oder Farbe ist möglich. Am Ende des Betreffs steht kein Schlusspunkt. Bei längeren Betreffangaben wird der Text sinngemäß auf mehrere Zeilen verteilt.

Bezugszeichen (⇨ Informationsblock und Briefmuster 1,2,3,5. Die Bezugszeichenzeile ist nach der neuen DIN weggefallen.)

Bindestrich (⇨ auch Ergänzungsstrich)

Verwendet wird der Mittestrich. Als Bindestrich (Kurzstrich) steht er ohne Leerzeichen.

Mit einzelnen Buchstaben und Ziffern: S-Kurve, s-förmig, i-Punkt, Dehnungs-h, x-beliebig, Fugen-s, 5-mal, 5-fach, (auch: 5fach), 100-prozentig, in den 80er-Jahren (auch: 80er Jahren).

Beim Zusammentreffen dreier gleicher Buchstaben: Stress-Situation (Stresssituation), Kaffee-Ersatz (Kaffeeersatz), Auspuff-Flamme (Auspuffflamme), Schwimm-Meisterschaft (Schwimmmeisterschaft).

Bei Abkürzungen: Kfz-Papiere, Fußball WM, km-Zahl, Best.-Nr., Dipl.-Ing., röm.-kath., Abt.-Leiterin, Reg.-Rat, At-Zeichen, Es-Dur. Bei Gefahr von Missvertändnis: Druck-Erzeugnis : Drucker-Zeugnis.

„bis“-Zeichen

Verwendet wird der etwas längere Halbgeviertstrich (Langstrich) – mit Leerzeichen davor und danach. Das Zeichen darf aber nur in Kurzangaben, Plänen und Aufstellungen (ohne Satzcharakter) geschrieben werden.

Preisidee: 800 – 900 EUR   Sprechstunden: 09:30 – 17:00 Uhr
aber: Das Seminar über Normung dauerte von 09:30 bis 17:00 Uhr.

Briefabschluss ⇨ Anlagenvermerk, Gruß, Maschinenschriftliche Angabe der Unterzeichner, Verteilvermerk und Briefmuster 1 – 5

Briefkopf (⇨ Briefmuster 1 – 5)

Im Geschäftsbrief steht für den Namen oder die Bezeichnung des Absenders ein Briefkopf mit einer Höhe von 27 mm (Form A) oder 45 mm (Form B) zur Verfügung. Für den Privatbrief ist eine Höhe des Briefkopfs von 50,8 mm vorgesehen.

Bruchstrich

Der schräge Bruchstrich wird ohne Leerzeichen verwendet. Beachten Sie jedoch das Leerzeichen zwischen gemischten Zahlen. Sie können auch die Bruchzahlen aus dem Sonderzeichenvorrat der Textverarbeitungsprogramme verwenden.

```
1/2 kg oder ½ kg, 1 1/2 kg, 11 1/2 kg, 1 3/4 l, 11 3/4 l, 1 2/3 m
```

Datum ⇨ Informationsblock, Kalenderdaten

Dezimalzeichen (⇨ auch Währungsbezeichnungen)

Verwendet wird das Komma, jedoch ohne Leerzeichen. Fehlende Teile sind durch die Ziffer Null darzustellen.

```
10,52 m      0,52 m      24,1 mm      0,0 mm
20,00 kg     0,20 kg     0,02 kg      0,002 kg
```

Divisionszeichen ⇨ Rechenzeichen

Doppelpunkt (⇨ auch Rechenzeichen, Uhrzeiten)

Er folgt dem Wort oder Schriftzeichen ohne Leerzeichen. Nach einem Doppelpunkt und bei angeführten Sätzen ist das erste Wort eines Ganzsatzes großzuschreiben. Der Doppelpunkt dient auch als Verhältniszeichen (mit Leerzeichen davor und danach).

```
Teilbetreff: Hinter dem Teilbetreff steht ein Punkt. Der Teil-
betreff wird durch Fettdruck und/oder Farbe hervorgehoben.
Der Kunde schreibt: „Die Ware wurde auf dem Transport beschädigt."

Abmessungen: 24 x 12 m; Maßstab 1 : 50 000; Mischung 3 : 5
```

Durchwahl ⇨ Informationsblock

Einrücken und Zentrieren (⇨ auch Briefmuster 3)

Wenn Sie Texte zur Hervorhebung einrücken oder zentrieren, müssen Sie diese Textteile vom vorausgehenden und dem folgenden Text durch je eine Leerzeile absetzen. Die Einrückung beginnt 50 mm von der linken Blattkante bzw. 25 mm vom linken Rand. Zeilenende: 200 mm von der linken Blattkante bzw. 175 mm vom linken Rand oder 10 mm von der rechten Blattkante. Textverarbeitungsprogramme verfügen über die Funktion „Zentrieren".

Einzelunternehmen (⇨ auch Musteranschriften Nr. 10 und 11)

Die Zusätze *e. K.* bzw. *e. Kffr.* oder e. *Kfm.* bedeuten eingetragene Kauffrau, eingetragener Kaufmann.

E-Mail (⇨ auch Muster 6 und 7)

E-Mail-Kopf. Er umfasst vier Zeilen:

An... Anschrift
Cc... Carbon copy = Verteiler (Der Empfänger erkennt, wer eine Kopie erhält.)
Bcc... Blind carbon copy = verdeckter Verteiler (Der Empfänger erfährt nicht, an wen Sie eine Kopie der Nachricht schicken.)
Betreff:

E-Mail-Adresse. Sie besteht aus der Empfängerbezeichnung, dem At-Zeichen @ („Klammeraffe") und dem Anbieter des Zugangs zum Internet = Provider. In der E-Mail-Adresse sollten keine Umlaute, kein ß, keine Leerzeichen und keine Sonderzeichen enthalten sein. Die einzelnen Gruppen können durch Punkt, Mittestrich oder Grundstrich voneinander getrennt werden.

```
service@winklers.de
zeitarbeit@t-online.de
peter.schuetz-wvd@gmx.net
```

Anrede – Text – Absätze. Die Anrede beginnt an der ⇨ Fluchtlinie. Nach einer Leerzeile folgt der Text. Er ist ohne Worttrennung am Zeilenende und ohne Zeilenschaltung zu erfassen. Absätze werden – wie auch in herkömmlichen Schriftstücken – durch Leerzeilen gekennzeichnet.

Abschluss (Signatur). Er besteht aus Gruß, Kommunikations- und Firmenangaben sowie der E-Mail- und/oder Internet-Adresse. Wenn Sie ein komfortables E-Mail-Programm verwenden, brauchen Sie Ihre Absenderangaben nicht jedes Mal neu einzugeben. Sie verwenden dann die „Autosignatur" (elektronischer Baustein). Bei jeder E-Mail, die Sie verschicken, wird die Autosignatur automatisch eingefügt.

Abschluss einer privaten E-Mail

```
Freundlichen Gruß
·
Peter Schütz
Stolzenfelsstraße 28
56112 Lahnstein
·
Telefon: 02621 56120
Telefax: 02621 8872
E-Mail: peter.schuetz-wvd@gmx.net
```

E-Mail (Fortsetzung)

Abschluss einer geschäftlichen E-Mail

```
Freundliche Grüße
.
Computer-Vertrieb
Karl Höfer OHG
.
i. A. Heinz Baum
.
Telefon: +49 6421 71020
Telefax: +49 6421 4220
E-Mail: info@computer.hoefer-wvd.de
Internet: www.computer.hoefer-wvd.de
.
Postanschrift: Postfach 1 75 38, 35010 Marburg
Hausanschrift: Eichendorffstraße 12, 35039 Marburg
Persönlich haftender Gesellschafter: Karl Höfer
Handelsregister Marburg HRA 3482
```

Empfängerbezeichnungen (⇨ Akademische Grade, Anschriftfeld; Briefmuster 1 – 5; Musteranschriften)

Ergänzungsstrich

Als Ergänzungsstrich steht der Mittestrich als Kurzstrich ohne Leerzeichen.

`Ein- und Ausfuhr, Vor- und Zuname, Posteingang und -ausgang`

Farbe

Durch Farbe hervorheben dürfen Sie wichtige Textteile, ferner ⇨ Betreff, ⇨ Teilbetreff und funktionsbezogene Teile von ⇨ Telefon- und ⇨ Telefaxnummern.

Fettschrift

Außer zum Hervorheben wichtiger Textteile dürfen Sie Fettschrift auch verwenden beim ⇨ Anlagenvermerk, ⇨ Betreff, ⇨ Teilbetreff und funktionsbezogenen Teilen von ⇨ Telefon- und Telefaxnummern.

Fluchtlinie

Die Fluchtlinie liegt beim A4-Brief 25 mm von der linken Blattkante bzw. 0 mm vom linken Rand.

Folgeseiten ⇨ Mehrseitige Schriftstücke

Fragezeichen ⇨ Satzzeichen

Fußnoten

Als Fußnoten-Hinweiszeichen dienen hochgestellte arabische Ziffern. Bis zu drei Fußnoten dürfen Sie auch Sonderzeichen (z. B. Sterne) verwenden. Nach dem Text steht nach mindestens einer Leerzeile ein Fußnotenstrich. Die Fußnotentexte werden mit einfachem Zeilenabstand und in reduzierter Schriftgröße im Vergleich zum Fließtext geschrieben. Ihr Textverarbeitungsprogramm erzeugt die Hinweiszeichen und den Fußnotenstrich automatisch.

Üblich ist heute der Lebenslauf in Tabellenform[1]. In Europa wird immer häufiger auch ein europäischer Lebenslauf[2] erwartet.

---

[1] Stets maschinell zu schreiben
[2] In absteigender Form, mit der jetzigen Position beginnend

„geboren" – „gestorben"

Für „geboren" wird der Stern, für „gestorben" das Pluszeichen verwendet (jeweils mit Leerzeichen davor und danach).

Konrad Zuse, * 1910-06-22, + 1995-12-18
oder: Konrad Zuse, * 22.06.1910, + 18.12.1995

Gedankenstrich

Verwendet wird der etwas längere Halbgeviertstrich (Langstrich). Vor und nach dem Gedankenstrich steht ein Leerzeichen. Das Leerzeichen hinter dem zweiten Gedankenstrich entfällt, wenn Satzzeichen (z. B. ein Komma) folgen.

Der Verkauf ist – das wissen Sie – bedeutend schwieriger geworden.
Sie fürchten – sagen Sie –, dass Sie den Kunden verlieren werden.

„gegen"

In Sportpaarungen wird für „gegen" der ⇨ Mittestrich als Langstrich (mit Leerzeichen davor und danach) verwendet. In Schriftsätzen bei Rechtsstreitigkeiten wird „gegen" durch Punkt – Schrägstrich – Punkt dargestellt.

1. FC Köln – Schalke 04; Meier – Schneider 3 : 6, 6 : 3, 7 : 5
Die Klage Stein ./. Lang wurde abgewiesen.

Geldbeträge ⇨ Währungsbezeichnungen

Gemischte Zahlen ⇨ Bruchstrich

Geschäftsangaben (⇨ Briefmuster 1 – 3)

Die Geschäftsangaben stehen in reduzierter Schriftgröße in der Fußzeile des Geschäftsbriefs. Sie enthalten z. B. Angaben über die Hausanschrift des Unternehmens, die Hauptanschlüsse der Kommunikationsmittel und die Bankverbindungen.

Gleichheitszeichen (⇨ auch Summen)

Vor und nach dem Gleichheitszeichen steht ein Leerzeichen.

`5 + 3 = 8; B = Berlin, KO = Koblenz, CH = Schweiz, H = Ungarn`

Gliederung und Kennzeichnung von Texten

Texte können in ⇨ Absätze und ⇨ Abschnitte gegliedert werden (⇨ auch Aufzählungen, Inhaltsverzeichnisse).

Gliederung von Zahlen (⇨ auch Besondere Zahlengliederungen, Dezimalzeichen, Währungsbezeichnungen)

Zahlen mit mehr als vier Stellen sollten Sie durch je ein Leerzeichen in 3-stellige Gruppen gliedern. Vierstellige Zahlen sollten nicht gegliedert werden, außer sie stehen mit mehrstelligen Zahlen untereinander.

Alle Geldbetrage sollen nach jeder dritten Stelle vor dem Komma mit dem Punkt gegliedert werden.

`500 km, 5000 km, 50 000 km, 500 000 km, 1 500 000 km`
aber: `5.000,50 EUR, 50.000 EUR, 500.000 EUR, 1.500.000 EUR`

Nähere Informationen über die Verwendung EUR ⇨ Währungsbezeichnungen, Seite 27.

„größer“ ⇨ „kleiner“

Gruß (⇨ auch Briefmuster)

Vor der Grußformel (*Freundlichen Gruß, Mit freundlichem Gruß, Freundliche Grüße, Mit bester Empfehlung* u. Ä.) steht eine Leerzeile.

```
Für eine rasche Prüfung meines Antrags danke ich Ihnen im Voraus.
·
Freundliche Grüße
```

Halbe Anführungszeichen ⇨ Anführungszeichen

Halbgeviertstrich ⇨ Gedankenstrich (Langstrich)

Hausnummern (⇨ auch Musteranschriften Nr. 1, 2, 3, 4, 5, 6, 7, 8 und 10)

Unterscheidungsbuchstaben (je nach örtlicher Regelung in Klein- oder Großbuchstaben) werden durch ein Leerzeichen von der Hausnummer getrennt. Doppelhausnummern dürfen Sie mit „bis"-Zeichen oder Schrägstrich schreiben. Außer der Hausnummer sind manchmal noch Stockwerk, Wohnungsnummer und Gebäudeteil – abgetrennt durch zwei Schrägstriche – erforderlich.

`Burgstraße 21 b, Am Eckwald 5 B`
(Großschreibung meist bei Terrassenhäusern üblich),
`Paul-Klee-Weg 48 - 50` oder: `Paul-Klee-Weg 48/50, Bahnweg 9 u. 10,`
`Poststraße 19 // 4. Stock, Hauptstraße 12 // W 407`

Bitte beachten Sie: Großempfängern ist eine eigene Postleitzahl zugeteilt; deshalb sollen in Anschriften an Großempfänger weder Straße und Hausnummer noch das Postfach angegeben werden (⇨ auch Musteranschrift Nr. 15).

Hervorhebungen (⇨ auch Einrücken und Zentrieren)

Hervorheben können Sie durch Einrücken oder Zentrieren, Anführungszeichen, Wechsel der Schriftart, Wechsel der Schriftgröße, Fettschrift, Kursivschrift, Großbuchstaben und Farben. Sie dürfen auch verschiedene Hervorhebungsarten kombinieren, z. B. Großbuchstaben und Fettschrift.

Hinweis auf Folgeseiten ⇨ Mehrseitige Schriftstücke

IBAN (International Bank Account Number)

Die IBAN sollte von links nach rechts in Vierergruppen gegliedert werden

IBAN DE61 5105 0001 5065 3016 54
IBAN FR14 2004 1010 0400 2981 32

Informationsblock (⇨ auch Briefmuster 1, 2, 3, 5)

Sie können sich für den Standardinformationsblock oder für den gestalteten Informatinsblock entscheiden. Die Leitwörter des Standardinformationsblocks heißen: *Ihr Zeichen, Ihre Nachricht vom; Unser Zeichen, Unsere Nachricht vom; Name, Telefon; Telefax; E-Mail; Datum.* Das 1. Leitwort beginnt in Höhe der 2. Zeile des Anschriftfeldes: 100 mm vom linken Rand oder 125 mm von der linken Blattkante.

Alle Angaben des Standardinformationsblocks werden durch je eine Leerzeile in drei Blocks aufgeteilt:

1. Block: *Ihr Zeichen: – Ihre Nachricht vom: – Unser Zeichen: – Unsere Nachricht vom:*

2. Block: *Name: – Telefon: – Telefax: – E-Mail:*

3. Block: *Datum:*

Informationsblock (Fortsetzung)

Zwei Leerzeilen nach dem Datum folgt die Betreffangabe, beginnend an der Fluchtlinie.

```
.
.                                   Ihr Zeichen: la-we
.                                   Ihre Nachricht vom: ....-03-12
.                                   Unser Zeichen: vo-bl
Bildungsverlag EINS GmbH · Ettore-Bugattistraße 6-14 · 51149 Köln
                                    Unsere Nachricht vom: ....-03-04
Berufsbildende Schulen              .
Frau Dr. Eva Schneider              Name: Petra Volk
Postfach 10 08 61                   Telefon: 0531 8768-42
99008 Erfurt                        Telefax: 0531 8768-61
.                                   E-Mail: service@winklers.de
.                                   .
                                    Datum: ....-03-14
.
.
Ihre Bestellung
.
.
Sehr geehrte Frau Dr. Schneider,
.
für Ihre Bestellung über verschiedene Lernbücher danken wir Ihnen.
```

Beim gestalteten Informationsblock sollten die Angaben in einer neuen Fluchtlinie geschrieben und durch Leerzeilen gruppiert werden. Einzelne Angaben (z. B. die E-Mail-Adresse) dürfen Sie bei Platzmangel in kleinerer Schriftgröße schreiben, mindestens jedoch 8 Punkt.

Leitwörter dürfen ergänzt, weggelassen oder verändert werden. Für die Leitwörter des Informationsblocks dürfen Sie eine kleinere Schrift verwenden, mindestens jedoch 8 Punkt.

```
.
.                                   Vorgangsnummer:       Schn-A-2011-02-15
.                                   .
.                                   Ihr Gesprächspartner: Peter Steinfeld
Bürgeramt Erfurt · Bürgermeister-Wagner-Straße 1 · 99084 Erfurt 1
                                    Abteilung:            Antragsbearbeitung
Frau                                .
Dr. Eva Schneider                   Telefon:              0361 4711-905
Lutherstraße 18                     Telefax:              0361 4711-908
99084 Erfurt                        E-Mail:               peter.steinfeld-wvd@erfurt.de
.                                   .
.                                   Datum:                ....-03-14
.
.
Ihr Antrag
.
.
Sehr geehrte Frau Dr. Schneider,
.
um Ihren Antrag bearbeiten zu können, brauchen wir noch folgende Unterlagen:
```

Inhaltsverzeichnisse und Übersichten

Beginnen Sie mit den Abschnittsnummern an derselben Fluchtlinie und mit den Abschnittsüberschriften an einer weiteren Fluchtlinie. Zwischen Abschnittsnummer und Text stehen (mindestens) zwei Leerzeichen. Vor Beginn jeder Hauptabschnittsnummer ist eine Leerzeile vorzusehen. Wenn Sie Seitenzahlen angeben, ist es möglich, zwischen den Textteilen und den Seitenzahlen Füllzeichen zu verwenden.

```
Inhalt                                                  Seite

1      Überblick über das Gesamtangebot  .................... 3
.
2      Desktopaccessoires ..................................... 4
2.1    Schreibunterlagen, Briefablage, Stifteköcher ...... 5 - 7
2.2    Stempelhalter, Buchstützen, Zettelbox ............ 8 - 9
2.3    Andere Utensilien .............................. 10 - 12
.
3      Möbelsysteme ........................................... 13
3.1    Bürosystem „New York“ ......................... 14 - 16
3.1.1  Schreibtische (einschl. Chefschreibtische) ...... 17 - 20
3.1.2  Kombinationen und Winkelelemente ............... 21 - 25
3.2    Bürosystem „London“ ........................... 26 - 30
```

Kalenderdaten (Datumsangaben)

Das Kalenderdatum können Sie numerisch oder alphanumerisch schreiben. Das Briefdatum und die Kalenderdaten im Informationsblock sollten Sie jedoch stets numerisch schreiben.

Numerische Schreibung

Jahr – Monat – Tag, gegliedert mit Bindestrich. Die Jahreszahl müssen Sie vierstellig angeben. Tag und Monat müssen Sie jedoch stets zweistellig schreiben.

`....-08-05` = absteigende Schreibung

Falls keine Missverständnisse entstehen, ist auch die aufsteigende Schreibung gestattet; dann sind jedoch Tag – Monat – Jahr durch **Punkte** zu gliedern.

`05.08.....` = aufsteigende Schreibung

Alphanumerische Schreibung

Der Monatsname wird in Buchstaben geschrieben und darf nicht abgekürzt werden. Die Jahreszahl ist auch bei alphanumerischer Schreibung stets vierstellig anzugeben. Einstellige Tagangaben erhalten keine führende Null.

`5. August ....`

Klammern

Sie werden ohne Leerzeichen vor und nach den von ihnen eingeschlossenen Textteilen geschrieben. Die Nachklammer wird in Verbindung mit Kleinbuchstaben auch in ⇨ Aufzählungen verwendet.

`Er hat früher in Gerolstein (Eifel) gewohnt.`
`Sein Vater (er stammt aus Bern) ist Uhrmacher.`
`a) Deutsch, b) Englisch, c) Französisch, d) Italienisch`

„kleiner" und „größer"

Links neben der Y-Taste liegt die Taste für „kleiner als" = < (ohne Umschaltung) und „größer als" = > (mit Umschaltung).

`Einwohnerzahl < 100 000` (kleiner als)
`a + 30 > 10` (größer als)
`PLZ ≤ 50000` (kleiner gleich)
`PLZ ≥ 59999` (größer gleich)

Komma ⇨ Dezimalzeichen, Satzzeichen

Kursivschrift ⇨ Hervorhebungen

Kurzstrich ⇨ Bindestrich, Ergänzungsstrich

Langstrich ⇨ Gedankenstrich, „bis"-Zeichen, Zeichen für „gegen"

Ihr Textverarbeitungsprogramm erzeugt den Langstrich automatisch, wenn Sie vor und nach dem Mittestrich ein Leerzeichen eingeben oder Sie wählen die Tastenkombination *Strg* + *Minuszeichen* aus dem Ziffernblock.

Leerzeichen

Durch Leerzeichen entstehen Zwischenräume. Sie müssen die Leerzeichentaste je einmal betätigen

- nach ausgeschriebenen Wörtern und Abkürzungen;
- nach Zeichen, die ein Wort vertreten („Wortvertreter");
- nach ausgelassenen Textteilen, die durch Auslassungspunkte markiert sind;
- nach Zahlen und nach Satzzeichen.

Beachten Sie jedoch die Ausnahmen bei ⇨ Gliederung von Zahlen, Kalenderdaten, Satzzeichen und Uhrzeiten.

Leerzeichen (Fortsetzung)

Zusammengehörende Textteile (z. B. Währungs-, Gewichts- und Maßangaben, Telefon- und Telefaxnummern; Abkürzungen) sollten Sie immer mit einem geschützten Zeichen eingeben, um einen unbeabsichtigten Zeilenumbruch zu vermeiden.

Beachten Sie ferner, dass nach ⇨ Abschnitten und Abschnittsnummern mindestens zwei Leerzeichen stehen.

Leitwörter ⇨ Informationsblock

Maschinenschriftliche Angabe der Unterzeichner ⇨ auch Briefmuster 1 bis 3

Unterschriften sind oft kaum lesbar. Deshalb sollte der Name des/der Unterzeichner(s) maschinenschriftlich angegeben werden. Diese Angabe wird (wie die Firmenbezeichnung) innerbetrieblich geregelt. Es sind mindestens 3 Leerzeilen vorzusehen (bei großer Handschrift entsprechend mehr).

Zusätze zum Namen (z. B. *i. V.*) stehen entweder zwischen der Firmenbezeichnung und der maschinenschriftlichen Namenswiedergabe oder vor der Namenswiedergabe in derselben Zeile.

```
Sie dürfen sicher sein, dass wir Sie gern und zuverlässig beraten.
.
Mit freundlichen Grüßen
.
HERMES-WERKE
Roth & Siebert GmbH
.
i. V.
.
Herbert Langner
```

oder:

```
Sie dürfen sicher sein, dass wir Sie gern und zuverlässig beraten.
.
Mit freundlichen Grüßen
.
HERMES-WERKE
Roth & Siebert GmbH
.
.
.
i. V. Herbert Langner
```

Mehrseitige Schriftstücke (⇨ auch Seitennummerierung)

Werden bei längeren Texten eine oder mehrere Folgeseiten (Fortsetzungsblätter) erforderlich, dann empfiehlt es sich, am Ende der beschrifteten Seite – in der Fußzeile – durch drei Punkte ... auf die Folgeseite hinzuweisen. Lassen Sie die Fortsetzungspunkte mit dem rechten Schreibrand abschließen.

Millimeterangaben für Zeilenanfang und Zeilenende
⇨ Zeilenanfang und Zeilenende

Minuszeichen ⇨ Rechenzeichen

Mittestrich

Er wird verwendet zur ⇨ Worttrennung am Zeilenende, als Bindestrich, Ergänzungsstrich, Gedankenstrich, Streckenstrich, Zeichen für „bis" und „gegen", in der ⇨ numerischen Schreibung der Kalenderdaten, als Minuszeichen (⇨ Rechenzeichen). Achten Sie auf die richtige Verwendung des Lang- oder Kurzstrichs.

Name der Sachbearbeiterin/des Sachbearbeiters
⇨ Informationsblock (Briefe 1,2,3 und Musteranschrift Nr. 13)

Nummernzeichen (Das Nummernzeichen ist nach der neuen DIN weggefallen.)

```
Der Artikel Nr. 700 hat uns gut gefallen. Auch die Artikel Nr. 50
bis 60 sind bei unserer Kundschaft sehr beliebt.
```

Nummer der Wohnung
⇨ Hausnummern und Musteranschriften 2 und 8

Ortsteilnamen

Sie dürfen nicht als Zusatz zum Bestimmungsort stehen, sondern müssen über der Straße (oder dem Postfach) ohne Postleitzahl vermerkt werden (in den folgenden Beispielen die Ortsteilnamen *Rechenberg* und *Ronsdorf*).

```
.
.
.
.
Möbel Gerd Hauser KG·Postfach 12 61·35010 Marburg
Herrn
Peter Klein
Ortsteil Rechenberg
Kneippstraße 14
90491 Nürnberg
.
```

```
.
.
.
.
Joachim Specht KG·Ostanlage 49·35390 Gießen
Bürohaus
Alt & Neu KG
Ortsteil Ronsdorf
Breite Straße 8 - 10
42369 Wuppertal
.
```

Paragrafzeichen

Das Zeichen darf nur in Verbindung mit darauffolgenden Zahlen verwendet werden. Vor und nach dem Zeichen steht ein Leerzeichen. Werden zwei (oder mehr) Paragrafen genannt, setzt man das Zeichen zweimal.

```
Nach § 5 kann der Vorstand beschließen, dass ...
Die §§ 20, 25 und 26 müssten unbedingt neu gefasst werden.
```

aber:

```
Auch der vorletzte Paragraf müsste stark redigiert werden.
Unsere Vereinssatzung umfasst insgesamt 30 Paragrafen.
```

Postalische Rücksendeangabe (⇨ Anschriftfeld, Musteranschriften und Briefmuster 1 – 5)

Postalische Vermerke ⇨ Anschriften

Postfachnummer

Gliedern Sie die Postfachnummer – von rechts beginnend – in Zweiergruppen.

```
Postfach 31, Postfach 1 31, Postfach 13 10, Postfach 1 13 00,
Postfach 11 31 00
```

Bitte beachten Sie: Großempfänger haben eine eigene Postleitzahl; deshalb sollte in Anschriften an Großempfänger kein Postfach angegeben werden (⇨ auch Musteranschrift Nr. 15).

Postleitzahl

Die deutschen (5-stelligen) Postleitzahlen werden nicht gegliedert.
Aufbau: 1. und 2. Stelle = Region (z. B. 04 = Leipzig, 23 = Lübeck), 3. bis 5. Stelle = Städte, Stadtteile sowie Postfächer, Großkunden.

```
04316 Leipzig      23058 Lübeck
```

Promillezeichen

Es wird gebildet aus kleinem *o* – Schrägstrich – zwei kleinen *o* oder aus dem Sonderzeichenvorrat von Textverarbeitungsprogrammen. Das Promillezeichen darf nicht aus dem Zeichen für „Prozent“ und einem kleinen *o* gebildet werden. Vor und nach dem Promillezeichen steht ein Leerzeichen.

```
Die Bank hat uns 25 o/oo Provision berechnet.
Der Alkoholtest hat 1,3 ‰ ergeben.
```

Prozentzeichen

Vor und nach dem Zeichen steht ein Leerzeichen. Das Prozentzeichen darf nicht in Zusammensetzungen mit „-prozentig“ verwendet werden.

`8 1/2 % Zinsen, ein 25-prozentiger Zuschlag`
`die 5 %-Klausel` oder: `die 5-Prozent-Klausel`

Punkt ⇨ Abkürzungen, Abschnitte, Abschnittsnummern, Auslassungspunkte, „gegen“, Inhaltsverzeichnisse und Übersichten, Kalenderdaten, Mehrseitige Schriftstücke, Satzzeichen, Teilbetreff, Währungsbezeichnungen

Rechenzeichen

Vor und nach einem Rechenzeichen (Additions-, Subtraktions-, Multiplikations-, Divisionszeichen) steht ein Leerzeichen.

```
5 + 3 = 8; 10 - 7 = 3, 4 · 3 = 12; 50 : 2 = 25
```

Beachten Sie besonders: In Zahlenangaben für Flächenformate und räumliche Abmessungen wird als Multiplikationszeichen nicht der Punkt, sondern der Kleinbuchstabe *x* verwendet.

```
A6-Format: 105 x 148 mm, Tischgröße: 1,80 x 0,90 m
```

Römische Zahlen

Für römische Zahlzeichen werden die Großbuchstaben I (1), V (5), X (10), L (50), C (100), D (500) und M (1000) verwendet. Steht das Zeichen der kleineren Zahl links, dann ist die Zahl abzuziehen (IX = 10 – 1 = 9), steht das Zeichen rechts, ist es hinzuzufügen (XIII = 10 + 3 = 13).

Weitere Beispiele:

```
Kapitel III (3), die Abteilungen IV, VII und VIII (4, 7 und 8),
Seite XVI, XIX, XXXIV und LXII (16, 19, 34 und 62), CCL (250),
MMD (2500)
```

Satzzeichen

Punkt, Komma, Semikolon, Doppelpunkt, Frage- und Ausrufezeichen folgen dem Wort oder Schriftzeichen ohne Leerzeichen. Das nächste Wort folgt nach einem Leerzeichen.

```
Wir liefern Drucker. Ich hoffe, dass Sie recht bald bestellen.
Wir hoffen, dass Sie bald liefern; denn der Auftrag ist eilig.
Bis wann können Sie liefern? Auf dem Schild steht: Vorsicht!
```

Schrägstrich (⇨ auch Musteranschriften 2, 5, 8 und 16)

Er wird verwendet als ⇨ Bruchstrich und in ⇨ Zahlenaufstellungen, ferner zur Bildung des Zeichens für ⇨ „Promille“ und als Zeichen für ⇨ „gegen“ in Rechtsstreitigkeiten.

Der Schrägstrich wird auch zur Angabe von Größen- und Zahlenverhältnissen (im Sinne von „je“) gebraucht sowie zur Angabe mehrerer Möglichkeiten. Ferner kennzeichnet er die Zusammenfassung zweier aufeinanderfolgender Jahreszahlen oder Monate und er verbindet die Namen verschiedener Personen (z. B. mehrere Verfassernamen). Auch zur Gliederung von Aktenzeichen, Bestellnummern u. Ä. wird der Schrägstrich verwendet.

Schrägstrich (Fortsetzung)

```
50 km/h                100 Ew./km²        für Damen und/oder Herren
Jahrgang 2012/2013     in der Ausgabe Juli/August d. J.

Alle Mitarbeiterinnen/Mitarbeiter werden gebeten ...
Das Buch von Schneider/Zindel/Münscher wurde eingeführt.

Art.-Nr. 3000/97/03                       Best.-Nr. 5000/bu/11
Bahnhofstraße 35 // W 506                 Postgasse 16 // 4. Stock
```

Schriftgrößen und -arten

Damit Ihre Briefe und andere Texte gut lesbar sind, sollten Sie zu kleine Schriftgrößen (unter 10 Punkt) und ausgefallene Schriftarten (z. B. Schreibschriften) vermeiden.

Schriftzeichen für Wörter („Wortvertreter“)

⇨ auch „bis“-Zeichen, „geboren“ – „gestorben“, Paragrafzeichen, Rechenzeichen, „und“-Zeichen

Vor und nach Schriftzeichen für Wörter steht ein Leerzeichen.

Seitennummerierung (⇨ auch „Mehrseitige Schriftstücke“)

Die Seiten werden von der zweiten Seite an oben fortlaufend nummeriert. In der Kopfzeile sollten Sie die Seitenzahl zentriert eingeben: Langstrich – Seitenzahl – Langstrich. Seitenkennzeichnung und Text sollen durch (mindestens) eine Leerzeile getrennt werden.

Moderne Textverarbeitungsprogramme ermöglichen eine automatische und DIN-gerechte Nummerierung, z. B. „Seite X von Y“. Diese Seitennummerierung sollte vorzugsweise rechtsbündig in der Fußzeile stehen. Bei dieser Art der Nummerierung sollte „Seite X von Y“ auch auf der ersten Seite stehen.

```
.
.
.
.
                                 — 2 —
.
Beachten Sie, dass die Seiten oben fortlaufend zu nummerieren sind.
```

Streckenstrich

Für Streckenangaben wird der Mittestrich als Langstrich verwendet. Vor und nach dem Streckenstrich steht ein Leerzeichen.

```
Der ICE München – Würzburg – Köln verkehrt samstags nicht.
```

Subtraktionszeichen ⇨ Rechenzeichen

Summen

Summen- bzw. Abschlussstrich werden ohne Leerzeilen davor verwendet. Sie erzeugen sowohl den einfachen Strich als auch den Doppelstrich durch besondere Funktionen Ihrer Programme, z. B. durch die automatische Unterstreichung, die Ihnen Ihr Textverarbeitungsprogramm bietet. Eine weitere Möglichkeit: Sie setzen Tabellenfunktionen oder Grafiklinien ein.

```
200,00          300,00 EUR
500,00       21.000,00 EUR
700,00       21.300,00 EUR
```

Tabellen

Bestandteile der Tabelle sind: Überschrift, Tabellenkopf, eine Vorspalte und mehrere Felder (Zellen, Fächer). Innerhalb eines Dokuments sollten Sie die Tabelle zentriert zwischen den Seitenrändern ausrichten. Zwischen dem vorhergehenden und folgenden Text sollte mindestens eine Leerzeile sein. Umfasst eine Tabelle mehr als eine Seite, wiederholen Sie den Tabellenkopf auf der Folgeseite.

Schematische Darstellung einer Tabelle

Überschrift

Kopfbezeichnung / **Vorspaltenbezeichnung**		**Gemeinsame Spaltenbezeichnung**		
	Spaltenbezeichnung	**Spaltenbezeichnung**	**Spaltenbezeichnung**	⇨ Tabellenkopf
Zeilenbezeichnung		Feld bzw. Zelle oder nach DIN 55301: Fach		⇨ Zeile
Zeilenbezeichnung				
Zeilenbezeichnung				
Insgesamt	Summenzeile (nicht immer vorhanden)			

⇧ Vorspalte ⇧ Spalte

Teilbetreff (⇨ auch Briefmuster 2 und 5)

Der Teilbetreff bezieht sich auf Briefteile. Er beginnt an der ⇨ Fluchtlinie und endet mit einem Punkt. Der Text schließt sich unmittelbar an. Der Teilbetreff wird durch ⇨ Fettschrift und/oder ⇨ Farbe hervorgehoben.

Telefaxnummer (Telefax, Fax)

Die einzelnen Funktionen (Landesvorwahl, Ortsnetzkennzahl, zentrale Durchwahl) werden durch je ein Leerzeichen gegliedert.

```
Einzelanschluss:     Fax 040 30190
Durchwahlanschluss:  Fax 0731 5502-341
International:       Fax +41 61 903361
```

Telefaxnummer (Fortsetzung)

Bitte beachten Sie besonders: Um die Lesbarkeit zu erhöhen, können Sie funktionsbezogene Teile von Telefaxnummern durch ⇨ Fettschrift oder ⇨ Farbe hervorheben:

Fax 040 **30190** Fax 0731 5502-**341**

Telefonnummer

Die einzelnen Funktionen (Landesvorwahl, Ortsnetzkennzahl, zentrale Durchwahl) werden durch je ein Leerzeichen gegliedert.

```
Einzelanschluss:        Telefon 02151 43321
Mobil:                  Telefon +49 171 3578041
Durchwahlanschluss:     Telefon 04013 786-407
Telefonzentrale:        Telefon 04013 786-0
International:          Telefon +41 31 77346635
```

Bitte beachten Sie besonders: Um die Lesbarkeit zu erhöhen können Sie funktionsbezogene Teile von Telefonnummern durch ⇨ Fettschrift oder ⇨ Farbe hervorheben:

Telefon 02151 880259-**623** Telefon 04013 786-**407**

Telefonnummer (Sondernummer)

Wenn in einer Sondernummer nach der Nummer des Anbieters eine Ziffer für die Gebührenzählung angegeben wird, bleibt davor und dahinter ein Leerzeichen.

0180 **2** 34567
0800 **4** 7115

Übersichten (⇨ Inhaltsverzeichnisse und Übersichten)

Uhrzeiten

Uhrzeiten gliedern Sie nur mit dem Doppelpunkt (ohne Leerzeichen). Wenn Sie Stunden und Minuten (oder Stunden, Minuten und Sekunden) angeben, müssen Sie jede Einheit durch zwei Ziffern ausdrücken („ausnullen"). Bei ungefähren Angaben schreibt man nur die Stunden.

Der Außendienstmitarbeiter Herr Lange ist um 07:30 Uhr gestartet.
Geplant war, dass Herr Lange erst gegen 9 Uhr nach Brüssel fährt.
Als er eintraf, zeigte die Atomuhr in Brüssel genau 14:07:15 Uhr.

„und"-Zeichen (Et-Zeichen) ⇨ auch Musteranschriften 12 und 13

Das Zeichen für „und" sollte ursprünglich nur in Firmennamen verwendet werden. Vor und nach diesem Zeichen steht ein Leerzeichen.

Fein & Höfer AG   aber: Ex- und Import; Einzel- und Großhandel

„und“-Zeichen (Fortsetzung)

Immer häufiger wird dieses Zeichen auch bei zusammengehörigen Wortpaaren in Titeln und Überschriften eingesetzt:

```
Zwischen Angst & Vertrauen (Buchtitel)
Thelma & Luise (Filmtitel)
Essen & Trinken (Zeitschrift)
```

Untermieter (⇨ auch Musteranschrift Nr. 6 auf S. 30)

Geben Sie unter dem Namen des Empfängers (Untermieters) stets auch den Namen des Wohnungsinhabers an.

Unterstreichen

Diese Hervorhebungsart ist in der neuen DIN 5008 nicht mehr vorgesehen. Begründung: Je nach der gewählten Schriftart werden durch die Unterstreichung Unterlängen berührt, gestreift oder geschnitten.

Wählen Sie deshalb eine andere Art der Hervorhebung: Einrücken, Zentrieren, Wechsel der Schriftart, Wechsel der Schriftgröße, Kursivschrift, Großbuchstaben und Farben. Verschiedene Hervorhebungen dürfen Sie kombinieren. Achten Sie beim Hervorheben immer auf das richtige Maß. Wenn Sie zu viele Textstellen betonen, wirken die Hervorhebungen nicht mehr. Sie verwirren den Leser.

Verhältniszeichen ⇨ Doppelpunkt

Verteilvermerk (⇨ auch Briefmuster 2)

Er beginnt – wie der Anlagenvermerk – entweder an der ⇨ Fluchtlinie oder 100 mm vom linken Rand oder 125 mm von der linken Blattkante. Hat das Schriftstück Anlagen- und Verteilvermerk, lassen Sie zwischen den beiden Vermerken eine Leerzeile. Das Wort „Verteiler“ ist durch ⇨ Fettschrift hervorzuheben, wenn der Betreff fett geschrieben wurde.

Währungsbezeichnungen

Sie stehen ohne Abkürzungspunkt vor oder hinter dem Betrag. Im Fließtext sollten sie jedoch hinter dem Betrag stehen, weil man auch so spricht. Bei runden Zahlen oder ungefähren Werten können Sie auf die Dezimalstellen verzichten. Nach der neuen DIN sollten Sie die Abkürzung EUR für „Euro“ bevorzugen, weil dadurch die Währungseinheit eindeutig identifiziert werden kann. Diese Empfehlung gilt z. B. auch für den US-Dollar: USD. Die Währungszeichen (z. B. €, $) sollten Sie nicht mehr verwenden, sondern sich für die eindeutigen Währungscodes entscheiden (EUR, US-$).

25,50 USD	0,50 USD	0,05 USD	oder:	US-$ 25,50	US-$ 0,50	US-$ 0,05
70,50 EUR	0,70 EUR	0,05 EUR	oder:	EUR 70,50	EUR 0,70	EUR 0,05

Währungsbezeichnungen (Fortsetzung)

```
Wir haben den Rechnungsbetrag über 30,50 USD überwiesen.
Die Rechnung über 30,50 EUR war am 15. April fällig.
Der Experte schätzte den Wert auf etwa 500 EUR.
```

Worttrennung durch Mittestrich (Kurzstrich)

(zur Rechtschreibung ⇨ S. 51)

Verwenden Sie zur Worttrennung am Zeilenende nur den Mittestrich (Kurzstrich).

```
Textverarbeitungsprogramme haben eine automatische „Silbentrennung“[1]. Es
kann zu Verstößen gegen die Regeln für die Worttrennung am Zeilenende kom-
men. Deshalb ist es ratsam, die automatischen Worttrennungen zu überprüfen
oder den Menüpunkt "manuell" zu wählen.
```

Zahlenaufstellungen

Zahlenaufstellungen müssen Sie nach dem letzten Schriftzeichen jeder Zahlengruppe ausrichten. Achten Sie aber darauf, dass die Dezimalzeichen untereinanderstehen.

```
Die Wiederverkaufspreise lauten vom 15. August d. J. an wie folgt:

     Nummer  Artikelbezeichnung                        EUR

     220/61  Schubladenschrank, 4 Schübe            139,00
    7500/23  Sideboard „Casino“, 8 Schubkästen    1.020,00
      20/45  Büroschrank „Milano“                   410,00
```

Zahlengliederung ⇨ Gliederung von Zahlen

Zeilenabstand

Schreiben Sie Ihre Briefe mit dem Grundzeilenabstand 1 (einzeilig). Der Zeilenabstand entspricht dann 4,23 mm = 12 Punkt. Für besondere Schriftstücke (z. B. Gratulationen) und für Entwürfe sollten Sie einen größeren Zeilenabstand verwenden (1,5 oder 2).

[1] In der neuen deutschen Rechtschreibung heißt es „Worttrennung“, weil Silben nicht getrennt werden können.

Zeilenanfang und Zeilenende

Zeilenanfang und Zeilenende

Benennung	Zeilenanfang für alle Schriftarten in Millimeter		Maximales Zeilenende für alle Schriftarten in Millimeter		
	von der linken Blattkante	vom linken Rand	von der linken Blattkante	vom linken Rand	von der rechten Blattkante
Empfängeranschrift	25	0	105	80	105
Rücksendeangabe	25	0	105	80	105
Informationsblock[1]	125	100	200	175	10
Betreffangabe, Anrede, Text[2]	25	0	200	175	10
Gruß und/oder Firmenbezeichnung	25	0			
Anlagen- und Verteilvermerke	25 oder 125	0 oder 100	200	175	10
Einrückung	50	25	200	175	10

1 Wenn Sie einen privaten Brief ohne Informationsblock schreiben, sollten Sie das Datum rechtsbündig mit dem Brieftext abschließen lassen (s. Briefmuster 4, S. 35).
2 Für den Brieftext sollten Sie einen rechten Rand von 20 mm wählen.

Zentrieren ⇨ Einrücken und Zentrieren

Zustellangabe ⇨ Anschriftfeld

Zwischenräume ⇨ Leerzeichen

Musteranschriften (I)

Die kleinen Ziffern vor dem Zeilenanfang zeigen die jeweilige Stellung in der Zusatz- und Vermerkszone, die großen Ziffern zeigen die jeweilige Stellung im 6-zeiligen Anschriftfeld.

1
5
4
3
2
1 Rita Christ, Marienplatz 21, 86165 Augsburg
1 Frau
2 Renate Schiffer
3 Hamburger Straße 11 a
4 31868 Ottenstein
5
6

2
5
4
3
2
1 A. Hoffmann ▪ Hans-Sachs-Straße 58 ▪ 99099 Erfurt
1 Frau Christiane Stein
2 Herrn Peter Stein
3 Kleiststraße 8 // W 407
4 47166 Duisburg
5
6

3
5
4
3
2
1 K. Ehrlich ▪ Geraer Str, 22 // W 244 ▪ 03046 Cottbus
1 Frau Anna Berger
2 Herrn Uwe Haller
3 Emil-Schüller-Straße 14
4 56073 Koblenz
5
6

4
5
4
3
2
1 Karin Zimmer ▪ Postfach 1 44 ▪ 17223 Neustrelitz
1 Herrn Bürgermeister
2 Rudolf Stark
3 An der Meierei 5 B
4 66128 Saarbrücken
5
6

5
5
4
3
2
1 L. Frey e. Kffr., Stormstr. 4 - 6, 25336 Elmshorn
1 Frau Rechtsanwältin
2 Dr. Inge Zobel
3 Urbangasse 15 // 3. Stock
4 72070 Tübingen
5
6

6
5
4
3
2
1 R. Schiffer ▪ Hamburger Str. 11 a ▪ 31868 Ottenstein
1 Frau
2 Rita Christ
3 bei Familie Becker
4 Marienplatz 21
5 86165 Augsburg
6

7
5
4
3
2 Chr. u. P. Stein, Kleiststr. 8 // W 407, 47166 Duisburg
1 Einschreiben Einwurf
1 Herrn Steuerberater
2 Alex Hoffmann
3 Hans-Sachs-Straße 58
4 99099 Erfurt
5
6

8
5
4
3
2 A. Berger u. U. Haller, Emil-Schüller-Straße 14, 56073 Koblenz
1 Einschreiben
1 Herrn
2 Dipl.-Ing. Kurt Ehrlich
3 Geraer Straße 22 // W 244
4 03046 Cottbus
5
6

9
5
4
3
2
1 R. Stark ▪ An der Meierei 5 B ▪ 66128 Saarbrücken
1 Frau Studienrätin
2 Karin Zimmer
3 Postfach 1 44
4 17223 Neustrelitz
5
6

10
5
4
3
2
1 Dr. I. Zobel ▪ Urbangasse 15 // 3. Stock ▪ 72070 Tübingen
1 Tapetengroßhandel
2 Luise Frey e. Kffr.
3 Stormstraße 4 - 6
4 25336 Elmshorn
5
6

Musteranschriften (II)

Die kleinen Ziffern vor dem Zeilenanfang zeigen die jeweilige Stellung in der Zusatz- und Vermerkszone, die großen Ziffern zeigen die jeweilige Stellung im 6-zeiligen Anschriftfeld.

11
5
4
3
2
1 Meyer & Krause KG, Postf. 24 60, 46373 Bocholt
1 Zeitschriftenvertrieb
2 Egon Winter e. Kfm.
3 Postfach 12 30
4 38883 Blankenburg
5
6

12
5
4
3
2
1 Kühn & Pfeifer AG ▪ Postf. 70 02 93 ▪ 81302 München
1 Druckerei und Verlag
2 Meyer & Krause KG
3 Postfach 24 60
4 46373 Bocholt
5
6

13
5
4
3
2
1 Saal & Meyer AG ▪ 70152 Stuttgart
1 Straßenbau
2 Brenner & Maus OHG
3 Frau Irene Nagel
4 Postfach 12 58
5 50376 Wesseling
6

14
5
4
3
2 Rita Christ ▪ Anemonenstraße 5 ▪ 42369 Wuppertal
1 Einschreiben Einwurf
1 Stadtverwaltung
2 Abt. IV
3 Postfach 11 07
4 65531 Limburg
5
6

15
5
4
3
2
1 Brenner & Maus OHG ▪ Postf. 12 58 ▪ 50376 Wesseling
1 Saal & Meyer AG
2 Personalabteilung
3 70152 Stuttgart
4
5
6

16
5
4
3
2
1 E. Winter ▪ Postfach 12 30 ▪ 38883 Blankenburg ▪ Deutschland
1 Frau
2 Dkffr. Dr. Irene Lang
3 c/o Büromaschinen GesmbH[1]
4 Wiener Straße 7/1/3
5 3100 ST. PÖLTEN
6 ÖSTERREICH

17
5
4
3
2
1 P. Fröhlich, Danziger Straße 4, 48161 Münster, Deutschland
1 Monsieur François Dupont
2 45 rue Foch
3 34430 MONTPELLIER
4 FRANKREICH
5
6

18
5
4
3
2
1 A. Roth, Weberstraße 39, 39112 Magdeburg, Deutschland
1 Mr M L Smith
2 312 Kingsbridge Street
3 LONDON
4 N1 9ND
5 GROßBRITANNIEN
6

19
5
4
3
2
1 Petra Müller, Husumer Straße 12, 28219 Bremen, Deutschland
1 GRAND PRODUCTS INC
2 PO BOX 410
3 PORTLAND OR 97207-0200
4 USA
5
6

20
5
4
3
2
1 Kurt Schwarz, Birkenweg 24, 09114 Chemnitz, Deutschland
1 Sr D. Juan López
2 Hotel „Intercontinental"
3 AREQUIPA
4 PERU
5
6

[1] Die Angabe *c/o (care of = wohnhaft bei ..., per Adresse)* ist in Österreich noch üblich – im Gegensatz zu deutschen Inlandsanschriften. *Gesellschaft mit beschränkter Haftung* wird in Österreich *GesmbH* abgekürzt (in Deutschland: *GmbH*). – Die Wohnungsangabe *Wiener Straße 7/1/3* bedeutet *Haus Nummer 7, Stiege 1, 3. Stock* (jeweils durch Schrägstrich gegliedert).

HERMES-WERKE
Roth & Siebert GmbH

Briefmuster 1

.
.
.
.
Hermes-Werke GmbH · Postfach 16 18 · 39006 Magdeburg
Frau
Christa Bauer-Freiberger
Merseburger Straße 207
06112 Halle
.
.

Ihr Zeichen:
Ihre Nachricht vom: ....-07-04
Unser Zeichen: he-to
Unsere Nachricht vom:
.
Name: Anna Heim
Telefon: 0391 9380-117
Telefax: 0391 9381-125
E-Mail: a.heim@hermes-werke-wvd.de
.
Datum: ....-07-23
.
.

Ihre Einstellung als Reisevertreterin
.
.
Sehr geehrte Frau Bauer-Freiberger,
.
Sie haben uns beim Vorstellungsgespräch von Ihrer Eignung als Reisevertreterin überzeugt. Wir freuen uns, Sie als neue Mitarbeiterin begrüßen zu können.
.
Bitte unterzeichnen Sie die beigefügten Vertragsexemplare und senden Sie uns zwei Ausfertigungen recht bald zurück. Auf einige Besonderheiten weisen wir noch hin:
.
1. Vom 1. Oktober d. J. an übernehmen Sie unsere Verkaufsbezirke Sachsen und Thüringen.
.
2. Sie reisen mit Ihrem eigenen Pkw. An den festen Kosten für Ihr Fahrzeug beteiligen wir uns mit 60 %.
.
3. Alle nachgewiesenen Auslagen für Porto, Telefon usw. vergüten wir in vollem Umfang.
.
4. Ihre Provision wird vierteljährlich abgerechnet.
.
Auf Ihren Antrittsbesuch am 30. September d. J. freuen wir uns. Wir erhoffen für Sie und uns eine harmonische und erfolgreiche Zusammenarbeit.
.
Freundliche Grüße
.
HERMES-WERKE
Roth & Siebert GmbH
.
ppa.
.
Dr. Paul Weißenfels
.
Anlagen
3 Arbeitsverträge

Sitz des Unternehmens
Sachsenring 24, 39108 Magdeburg

Geschäftsführer
Peter Steinemann

Kommunikation
E-Mail: info@hermes-werke-wvd.de
Internet: www.hermes-werke-wvd.de
Telefon: 0391 9380-0
Telefax: 0391 9381-0

Bankverbindung
Commerzbank Magdeburg
IBAN: DE61 8104 0000 7570 15
BIC: COBADEFFXXX
Handelsregister
HRB 4567 beim Amtsgericht Magdeburg

In den Briefmustern 1 bis 5 sind nach den Vorgaben der DIN 5008 die E-Mail-Adressen nicht unterstrichen. Um die automatische Unterstreichung nachträglich zu deaktivieren, klicken Sie mit der rechten Maustaste auf die unterstrichene und farbig dargestellte E-Mail-Adresse, dann im Kontextmenü auf den Punkt „Hyperlink entfernen“.

Neue Kölner Presse

Briefmuster 2

Neue Kölner Presse · Postfach 10 04 39 · 50444 Köln

Herrn Studienreferendar
Dirk Wagner
Dürener Straße 17 b
52428 Jülich

Ihre Nachricht vom: ....-03-11
Unser Zeichen: zi-gr
Ihr Geschäftspartner: Wolfgang Ziegler
Abteilung: Anzeigenberatung

Telefon: 0221 23101-301
Telefax: 0221 23101-304
E-Mail: w.ziegler@neue.koelner.presse.de

Datum: ....-03-14

Tipps für Ihr Stellengesuch

Sehr geehrter Herr Wagner,

Ihren Entschluss, recht bald ein Stellengesuch in unserer Tageszeitung aufzugeben, begrüßen wir sehr. Gern geben wir Ihnen einige Tipps für Ihr Zeitungsinserat.

- Nennen Sie Ihre Berufsbezeichnung und derzeitige Position.
- Erfassen Sie Ihre persönlichen Daten
- Nennen Sie die Ausbildungsdaten (Schulen, Abschlusse).
- Beschreiben Sie Ihre Berufspraxis: Dauer und Arbeitsgebiet.
- Nennen Sie den Geschäftszweig, in dem Sie tätig sind.
- Formulieren Sie Ihr Stellengesuch treffend und überzeugend.
- Präzisieren Sie nach Möglichkeit Ihr Gesuch.

Am besten fertigen Sie zunächst einen Entwurf. Unsere Fachleute sind dann gern bereit, Ihren Entwurf in eine optimale Fassung zu bringen.

Anzeigenpreise. Unsere Preise für Stellengesuche sind besonders günstig. Bitte vergleichen Sie hierzu den beigefügten Anzeigentarif.

Schon heute wünschen wir Ihnen viel Erfolg für Ihre Insertion. Warten Sie damit aber nicht mehr lange, denn das Frühjahr ist besonders günstig.

Freundliche Grüße

Neue Kölner Presse

i. A. Wolfgang Ziegler

Anlage
1 Anzeigentarif

Verteiler
Abt. II
Frau Beate Schwarz

Geschäftsräume
Hohe Straße 45 – 47
50667 Köln

Kommunikation
E-Mail: info@neue.koelner.presse.de
Internet: www.neue.koelner.presse.de
Telefon: 0221 23101-0
Telefax: 0221 23101-102

Bankverbindung
Kreissparkasse Köln
IBAN: DE61 3705 0299 0165 48
BIC: COKSDE33XXX

HERMES-WERKE
Roth & Siebert GmbH

Briefmuster 3

Hermes-Werke GmbH · Postfach 16 18 · 39006 Magdeburg
Kaufhalle
Richter & Zaun KG
Postfach 2 77
09005 Chemnitz

Ihr Zeichen:	za-ta
Ihre Nachricht vom:	....-09-26
Unser Zeichen:	br-ni
Ihre Ansprechpartnering:	Rita Braun
Telefon:	0391 9380-196
Telefax:	0391 9381-197
E-Mail:	r.braun@hermes-werke-wvd.de
Datum:	....-03-14

Zwei Verkaufsschlager für Sie

Sehr geehrte Damen und Herren,

mit Ihrer Anfrage, für die wir Ihnen danken, versetzen Sie uns in die Lage, Ihnen gleich zwei bewährte Verkaufsschlager anzubieten:

Reisetaschen „Bon Voyage“
Notebooktaschen „Business 3000“

Die beigefügten Prospekte sagen Ihnen mehr über Ausstattung, Maße und Gewichte dieser beliebten Taschen. Auch die Auszüge aus Briefen Ihrer Händlerkollegen sprechen für diese Artikel:

> „Die Reisetaschen ‚Bon Voyage‘ mussten wir schon nach einer Woche nachbestellen. Die Kunden sind begeistert, vor allem von den Reißverschlussvorfächern.“ (aus dem Brief eines großen Brandenburger Kaufhauses)

> „Zunächst waren wir skeptisch, doch dann verkauften wir zu unserem Erstaunen allein in einer Woche 42 Notebooktaschen ‚Business 3000‘. Inzwischen sind auch die nachbestellten 50 Taschen verkauft. Bitte senden Sie uns sofort noch 100 Stück.“ (aus dem Brief eines Dortmunder Lederwarengeschäfts)

Profitieren auch Sie von diesen bewährten Verkaufsschlagern. Wir können Ihnen jede gewünschte Menge sofort liefern. Auf Ihren Auftrag freuen wir uns schon.

Freundliche Grüße

HERMES-WERKE
Roth & Siebert GmbH

ppa.

Dr. Paul Weißenfels

Anlagen
2 Prospekte

Sitz des Unternehmens
Sachsenring 24, 39108 Magdeburg

Geschäftsführer
Peter Steinemann

Kommunikation
E-Mail: info@hermes-werke-wvd.de
Internet: www.hermes-werke-wvd.de
Telefon: 0391 9380-0
Telefax: 0391 9381-0

Bankverbindung
Commerzbank Magdeburg
IBAN: DE61 8104 0000 7570 15
BIC: COBADEFFXXX
Handelsregister
HRB 4567 beim Amtsgericht Magdeburg

Sylvia Wagner
Managementtrainerin
Kunitzer Straße 15
64625 Bensheim
Telefon: 06251 40509
E-Mail: man.sylvia-wagner-wvd@t-online.de

Die Absenderanschrift steht in einer Kopfzeile, die 50,8 mm hoch ist. Sie können die Absenderangaben linksbündig, zentriert oder rechtsbündig schreiben.

Briefmuster 4

.
.
.
.
Sylvia Wagner, Kunitzer Straße 15 // IV, 64625 Bensheim
Computerfachschule
Frau Dr. Rita Neuberger
Mannheimer Straße 7 – 9
69115 Heidelberg
.
.

Das Datum schließt rechtsbündig mit dem Brieftext ab (20 mm von der rechten Blattkante).

....-09-12
.
.
Seminar „Normungsarbeit"
.
.
Sehr geehrte Frau Dr. Neuberger,

für Ihren gestrigen Anruf danken wir Ihnen. Über Ihren Auftrag, an Ihrer Schule ein Seminar über wichtige Normen zu halten, habe ich mich sehr gefreut.

An den geplanten drei Seminartagen (jeweils 08:30 – 12:00 Uhr und 14:00 – 17:30 Uhr) werde ich mit Ihren Teilnehmern erarbeiten:
.
1 Einführung: Normung als Ordnungsinstrument
.
2 DIN 5008: Schreib- und Gestaltungsregeln für die Textverarbeitung
2.1 Wiederholung der wichtigsten Schreibregeln
2.2 Beschriften von Blättern
2.2.1 Empfängeranschriften (auch an ausländische Adressaten)
2.2.2 Gliederung und Kennzeichnung von Texten aller Art
2.2.3 Schwierige Briefabschlüsse
.
3 DIN 5009: Diktierregeln
3.1 Anweisungen
3.1.1 Hervorheben, Buchstabieren
3.2 Konstanten
.
4 DIN 16511: Korrekturzeichen
.
Bitte lassen Sie mich recht bald wissen, welche Änderungswünsche Sie haben, und für welchen Termin Sie das Seminar ankündigen.
.
Freundlichen Gruß

Briefmuster 5

Christa Bauer-Freiberger
Merseburger Straße 207
06112 Halle

Christa Bauer · Merseburger Straße 207 · 06112 Halle
Hermes-Werke
Roth & Siebert GmbH
Abt. V 16/17
Postfach 16 18
39006 Magdeburg

Ihr Zeichen: gi-mo
Ihre Nachricht vom: ....-10-02

Telefon: 0345 28567
Telefax: 0345 24403
E-Mail: ch-bauer-wvd@t-online.de
Internet: www.ch-bauer-wvd.de

Datum: ....-11-05

Reisebericht Nr. 1/....

Sehr geehrte Damen und Herren,

nach Ihrer Weisung habe ich im Oktober d. J. die wichtigsten Kunden in Sachsen besucht. Im Verkausgespräch habe ich auf die neuen Artikel Nr. 20, 40 und 80 besonders hingewiesen. Alle Gespräche verliefen harmonisch.

Ich konnte insgesamt 64 Aufträge entgegennehmen. Diese Bestellungen haben Sie schon per E-Mail erhalten. Für Sie ist sicherlich noch Folgendes wichtig:

Bürohaus Peter Schreiber, Bautzen. Der Juniorchef, Herr Fred Schreiber, interessiert sich für unsere Terminplaner „EXAKT" aus Nappaleder. Ich konnte nur die Grundausstattung für alle Modelle zeigen, nicht aber die Kalendarien für die Modelle T 500 und T 600. Bitte senden Sie Herrn Schreiber je ein Exemplar.

Kaufhalle Richter & Zaun, Chemnitz. Mit den Pionierkoffern „OFFICE" hat die Kaufhalle schon gute Umsätze erzielt. Es besteht Interesse an unseren Aluminiumkoffern „SAFE 200". Ich habe einen Prospekt überreicht. Bitte senden Sie der Kaufhalle ein Sonderangebot über den Aluminiumkoffer „SAFE 200" mit einem Laptop-Vorfach.

Reiseroute TH. Nach Ihrer Weisung werde ich im November die Thüringer Kunden besuchen. Bitte senden Sie die auf dem beigefügten Blatt genannten Prospekte und das Dekorationsmaterial an meine Erfurter Anschrift (Pension „Zum Rosengarten", Jenaer Straße 14 – 16, 99099 Erfurt). Hierfür danke ich Ihnen.

Freundliche Grüße

Anlage
1 Blatt

Private E-Mail

Muster 6

An ...	Ludwig.IPT-wvd@t-online.de
Cc ...	
Bcc ...	
Betreff:	EDV-Schulungen

Sehr geehrte Damen und Herren,

durch Ihre Internetseite habe ich von Ihrem Schulungsangebot erfahren.

Bitte senden Sie mir ausführliche Informationen über eine Einzelschulung in Textverarbeitung.

Für Ihre Mühe danke ich Ihnen.

Freundliche Grüße

Sylvia Wagner
Kunitzer Straße 15
64625 Bensheim

Telefon: 06251 40509
Telefax: 06251 40510
E-Mail: man.sylvia.wagner-wvd@t-online.de

Geschäftliche E-Mail

Muster 7

An ...	koelner.presse@aol.com
Cc ...	stadtanzeiger.koeln@aol.com
Bcc ...	
Betreff:	Anzeige
Anhang:	Anzeigenentwurf.pdf

Sehr geehrte Damen und Herren,

wie telefonisch mit Ihnen besprochen, erhalten Sie mit dieser Nachricht unseren Anzeigenentwurf als PDF Datei
Bitte veröffentlichen Sie diese Anzeige in Ihrer nächsten Wochenendausgabe.

Freundliche Grüße

HERMES-WERKE
Roth & Siebert GmbH

ppa.

Dr. Weißenfels

E-Mail: info@hermes-werke-wvd.de
Internet: www.hermes-werke-wvd.de
Telefon: 0391 9380
Telefax: 0391 9381

Sitz: Fritz-Reuter-Straße 10, 39108 Magdeburg
Postanschrift: Postfach 16 18, 39006 Magdeburg
Geschäftsführer: Dr. Dirk Schneider und Petra Winter
Handelsregister HRB 30925 beim Amtsgericht Magdeburg

Der europäische Lebenslauf

Anfang der 2000er-Jahre hat die europäische Kommission ein europäisches Muster für Lebensläufe vorgelegt. Diese Form des tabellarischen Lebenslaufs soll es allen Bewerbern ermöglichen, effizienter als bisher über ihre Qualifikationen zu informieren. Der Zugang zu den Stellenangeboten in Europa soll mit dieser Form des Lebenslaufs erleichtert werden.

Der europäische Lebenslauf empfiehlt sich, wenn Sie schon über Berufserfahrung(en) verfügen. Bewerben Sie sich zum ersten Mal um eine Ausbildungsstelle, ist die konventionelle Form des Lebenslaufs besser geeignet.

Was ist anders?

Stärker als beim konventionellen Lebenslauf liegt der Nachdruck auf den persönlichen Fähigkeiten und Kompetenzen – und nicht auf der Berufs- und Schulbildung. Im Vordergrund steht also Ihr Können und nicht irgendeine Zeugnisnote.

Aussagekräftig, übersichtlich und korrekt: das sind drei wesentliche Vorteile, die den europäischen Lebenslauf auszeichnen. Sie können Ihre Qualifikationen und Kompetenzen systematisch aufführen und damit ein umfassendes Profil von sich abbilden. Die Darstellung können Sie flexibel den persönlichen Vorlieben und Anforderungen anpassen.

Wichtige Hilfen

Das Bundesministerium für Bildung und Forschung informiert auf seiner Internetseite www.europass-info.de ausführlich über den europäischen Lebenslauf. Sie finden dort auch Hinweise, wie Sie Ihre Sprachkenntnisse realistisch einstufen und Ihre digitalen Kompetenzen richtig einschätzen. Ferner besteht die Möglichkeit, Ihren europäischen Lebenslauf auf dieser Internetseite digital zu erstellen und auf Ihrem eigenen Computer zu speichern.

Hauptüberschriften

Der europäische Lebenslauf besteht (meistens) aus 7 Abschnitten:

- Angaben zur Person
- Angestrebte Tätigkeit
- Berufserfahrung
- Berufs- und Schulbildung
- Persönliche Fähigkeiten und Kompetenzen
- Zusätzliche Informationen
- Anlagen

Bei der Berufserfahrung sowie bei der Berufs- und Schulbildung (Hauptüberschriften 3 und 4) geht der europäische Lebenslauf – im Gegensatz zum konventionellen Lebenslauf – von der letzten Tätigkeit bzw. von der letzten Berufsbildung aus. Ordnen Sie also nicht chronologisch, sondern beginnen Sie mit dem, was aktuell ist.

Ihre persönlichen Fähigkeiten und Kompetenzen (Hauptüberschrift 5) lassen sich z. B. gliedern in Sprachkenntnisse, kommunikative, digitale, soziale, organisatorische und künstlerische Fähigkeiten. Auch die Fahrerlaubnis(se) zählen zu diesem Abschnitt.

Bei den Datenangaben wählen Sie die aufsteigende Reihenfolge: Tag – Monat – Jahr, die Sie mit Punkten gliedern, z. B. 02.01.20...

Beispiel für einen europäischen Lebenslauf

Angaben zur Person

Name	Brink, **Ralf** Paul
Anschrift	Bühlerweg 4, 55543 Bad Kreuznach, Deutschland
Telefon	+49 671 25037
Telefax	+49 671 25038
E-Mail	ralf.brink-wvd@gmx.net
Nationalität	deutsch
Geburtsdatum	12. Juli ....

Angestrebte Tätigkeit Leiter des Rechnungswesens

Berufserfahrung

01.01.... – (heute)

Abteilungsleiter des Lohnbüros
Maschinenfabrik A. Berger GmbH, 55543 Bad Kreuznach, Bahnhofstraße 5 – 7

- Teamleitung
- Kontrolle der Lohn- und Gehaltsabrechnungen

01.08.... – 31.12....

Sachbearbeiter im Lohnbüro
Roth & Hofmeister KG, 55124 Mainz, Koblenzer Straße 14 – 16
Lohn- und Gehaltsabrechnung

Berufs- und Schulbildung

01.08.... – 31.07....

Berufsausbildung zum Industriekaufmann

Metallwarenfabrik Frey & Noll KG, Kirn

- kaufmännische Kenntnisse (Rechnungswesen, Betriebswirtschaft)
- EDV-Grundlagen
- Schriftverkehr

Abschluss: IHK-Prüfung „Industriekaufmann“

01.08.... – 31.07....

Schulbildung Berufsbildende Schule Wirtschaft, Kirn

- kaufmännische Fächer
- Textverarbeitung
- Tabellenkalkulation
- Deutsch, Englisch, Französisch

Abschluss: mittlere Reife

...

– 2 –

Name	Brink, **Ralf** Paul

15.09.... – 18.03....

Weiterbildung „PC-Führerschein", VHS Bad Kreuznach

- Textverarbeitung
- Tabellenkalkulation
- Datenbank
- Präsentation

Abschluss: VHS-Zertifikat „PC-Führerschein"

Persönliche Fähigkeiten und Kompetenzen

Sprachen

Muttersprache	Deutsch
1. Fremdsprache	Englisch Lesefähigkeit: sehr gut Schreibfähigkeit: gut Sprechfertigkeit: gut
2. Fremdsprache	Französisch Lesefähigkeit: gut Schreibfähigkeit: befriedigend Sprechfähigkeit: befriedigend

Künstlerische Fertigkeiten und Fähigkeiten

Sport	Basketball (TV Bad Kreuznach)
Musik	Saxofon (VHS-Band, Bad Kreuznach)
Soziale Fertigkeiten und Fähigkeiten	Freiwillige Feuerwehr, Bad Kreuznach Teamarbeit mit deutschen und ausländischen Helfern
Organisatorische Fertigkeiten und Fähigkeiten	organisatorische Erfahrung als Teamleiter im Beruf und bei der Feuerwehr • Koordination der Mitarbeiter im Lohnbüro • administrative Erfahrungen im Sportverein
Technische Fertigkeiten und Fähigkeiten	Fertigkeiten im Umgang mit Computer und Organizer Fertigkeiten im Umgang mit Heimwerkermaschinen und -geräten
Fahrerlaubnis	Führerschein Klassen B und C

Zusätzliche Informationen

Referenz	Dr. Felix Burger, Personalchef in A. Berger GmbH, Bad Kreuznach
Anlagen	5 Zeugniskopien

Protokolle

Zweck

Die zusammenfassende Wiedergabe einer Sitzung, eines Vortrags, einer Diskussion (oder auch einer Unterrichtsstunde) heißt „Protokoll". Es hält Ergebnisse fest, informiert Nichtteilnehmer, entlastet das Gedächtnis und gibt Anweisungen, wer was bis wann tun soll. Bei nachträglichen Meinungsverschiedenheiten dient es als Beweis.

Protokollarten

Das Informationsbedürfnis des Lesers kann sehr unterschiedlich sein. Daher gibt es verschiedene Protokollarten: Wort-, Verlaufs-, Kurz- und Ergebnisprotokolle. Es sind noch andere Bezeichnungen üblich, z. B. Stenografischer Bericht (für Wortprotokoll), Ausführliches Protokoll (für Verlaufsprotokoll), Beschlussprotokoll (für Ergebnisprotokoll).

Überblick über die Protokollarten

Protokollart	Art der Wiedergabe	Anträge/Beschlüsse
Wortprotokoll	wörtlich, redigiert	wörtlich
Verlaufsprotokoll	zusammengefasst nach dem Verlauf der Verhandlung	wörtlich
Kurzprotokoll	wesentlichste Diskussionspunkte, sachlich zusammengefasst	wörtlich
Ergebnisprotokoll	nur Verhandlungsergebnisse knapp zusammengefasst.	wörtlich

Das Verlaufsprotokoll

Soll der ganze Verlauf der Besprechung (mit den Beschlüssen) festgehalten werden, wird ein Verlaufsprotokoll erstellt. Es enthält (wie alle anderen Protokollarten) den Protokollkopf, etwaige Tagesordnungspunkte und alle Redebeiträge mit den Namen der Redner („Rednerköpfe"); Muster s. S. 43.

Der Protokollrahmen

Für die äußere Form des Protokolls gibt es in der Norm DIN 5008 „Schreib- und Gestaltungsregeln für die Textverarbeitung" einige Hinweise. Es ist also ratsam, bei allen Protokollen stets einen festen „Protokollrahmen" zu verwenden. Ein Muster zeigt Ihnen das Kurzprotokoll auf Seite 42.

Kurz- und Ergebnisprotokoll

Will man später nur die wichtigsten Argumente nachlesen, die zum Verhandlungsergebnis geführt haben, genügt ein Kurzprotokoll, das den Inhalt unter sachlichen Gesichtspunkten wiedergibt. Will man nur die Verhandlungsergebnisse wissen, wählt man die Form des Ergebnisprotokolls.

Rednerköpfe

Im Verlaufsprotokoll wird jedem Redebeitrag der Name des Redners vorangestellt und hervorgehoben (z. B. durch Fettschrift). Auf den Rednernamen folgt das Einleitungswort, z. B. ... *erklärt – fragt – trägt vor – führt aus – erwidert – entgegnet* usw.

Sprachliche Grundsätze

Bei allen Protokollarten (außer beim Wortprotokoll) kommt es darauf an, das Wesentliche des Gehörten herauszuschälen. Dies erfordert hohe Konzentration und viel Erfahrung. Am besten greifen Sie zu einem speziellen Buch über Protokollführung.

Hier können nur einige wenige Grundsätze kurz dargelegt werden: Notieren Sie nicht zu viel, sondern nur das Wesentliche. Nur Anträge und Beschüsse müssen Sie wörtlich festhalten. Im Gegensatz zum Aktenvermerk werden Verlaufsprotokolle im Präsens (Gegenwart) wiedergegeben.

Direkte und indirekte Rede

Verlaufsprotokolle enthalten die Äußerungen der Redner in konzentrierter Form. Um zu zeigen, dass es sich dabei nicht um die Meinung des Protokollführers handelt, sondern um die anderer, wird für diese Textstellen die indirekte Rede verwendet.

Die indirekte Rede wird grundsätzlich im Konjunktiv I gebracht. Wenn die Formen des Konjunktivs I mit den Formen des Indikativs Präsens übereinstimmen, werden die Formen des Konjunktivs II verwendet.

Kennzeichen der indirekten Rede ist die Möglichkeitsform (Konjunktiv). Die Wirklichkeitsform (Indikativ) ist für die Darstellung aller Vorgänge während der Sitzung und für Anträge und Beschlüsse zu verwenden.

Fällt die Form des Konjunktivs II mit der Form des Indikativs Präteritum zusammen, wird mit „würde" + Nennform (Infinitiv) umschrieben.

Beispiel: ***(Konjunktivformen = kursiv)***

Dr. Müller führt aus, er *habe* sich schon immer für diese Lösung eingesetzt, *sei* aber deshalb immer wieder angegriffen worden. Nun *müsse* die Diskussion endlich abgeschlossen werden und wirksame Beschlüsse *müssten* gefasst werden, sonst *würden* die Anhänger dieser Idee nie ihr Ziel erreichen und *blieben* mehr als unzufrieden.

Kurzprotokoll

Büromöbelzentrum
Zenker & Reichenbach GmbH
Hansastraße 161 – 163
44793 Bochum

Kurzprotokoll Nr. 18/....

Besprechung des Betriebsrats

Thema:	Einrichtung des Neubaus am Max-König-Platz
Ort und Zeit:	Raum 109; ....-09-20; 09:45 – 10:30 Uhr
Teilnehmer:	Rita Bär (Vorsitzende des Betriebsrats) Peter Fuchs (Mitglied des Betriebsrats) Dieter Wolf (Mitglied des Betriebsrats)
Vorsitz:	Rita Bär
Protokollführung:	Karla Eiserfeld (Sekretariat II)

1. Einrichtung eines Konferenzraums

Der Neubau am Max-König-Platz kann voraussichtlich schon am 1. November d. J. bezogen werden. Dort werden alle kaufmännischen Abteilungen untergebracht. Die Lagerräume bleiben bis zum Abschluss des 2. Bauabschnitts in der Hansastraße.

Über Verwendung und Einrichtung einiger Räume des Neubaus kann noch verfügt werden. Der Betriebsrat beschließt einstimmig, im Neubau einen Konferenzraum einzurichten.

2. Einrichtung einer Kantine

Die bisherige Form der Verpflegung – besonders der auswärtigen Mitarbeiterinnen und Mitarbeiter – ist unbefriedigend. Deshalb beschließt der Betriebsrat einstimmig, sich für die Einrichtung einer Kantine im Neubau einzusetzen.

Der Entwurf dieses Protokolls lag den Teilnehmern an der Besprechung vor und wurde von ihnen im Umlaufverfahren ohne Änderung genehmigt.

ausgefertigt am ... - 09 - 22

gez. Rita Bär als Vorsitzende

gez. Karla Eiserfeld als Protokollführerin

Verlaufsprotokoll (Ausschnitt)

(Aus Platzgründen hier Zeilenabstand 1; für die Praxis wird Zeilenabstand 1,5 empfohlen. – Vorschlag für das Zeilenende: 35 mm von rechts.)

Herr Wolf vertritt die Meinung, man brauche einen Konferenzraum, um ungestört Wichtiges besprechen zu können. Die Zahl der Konferenzteilnehmer spiele dabei eine untergeordnete Rolle. In einem „normalen“ Büro seien Störungen nicht auszuschließen.

Frau Bär stimmt Herrn Wolf zu und überzeugt auch Herrn Fuchs davon, dass sich der Betriebsrat für einen Konferenzraum aussprechen solle. Sie formuliert den Beschluss:

> „Der Betriebsrat beschließt einstimmig, im Neubau einen Konferenzraum einzurichten.“

Herr Wolf macht den Vorschlag, im neuen Haus auch einen Besprechungsraum für den Betriebsrat einzurichten. Auch der Betriebsrat brauche einen Raum, um ungestört tagen zu können. Der Konferenzraum komme dafür nicht infrage, weil er zu oft besetzt sei.

Frau Bär findet diesen Vorschlag ausgezeichnet und will ihn an die Geschäftsleitung weitergeben.

Herr Fuchs fragt, ob noch weitere Punkte zu besprechen seien. Er habe es nämlich eilig, weil er einen wichtigen Besucher aus Freiburg erwarte.

Herr Wolf bittet um etwas Geduld. Es gehe nur noch um die Frage, im neuen Gebäude eine Kantine einzurichten.

Frau Bär hat in den letzten Wochen die Essgewohnheiten der Mitarbeiter beobachtet und festgestellt, dass es drei Gruppen gebe: Mitarbeiter, die

- zum Essen nach Hause fahren könnten;
- sich am Imbissstand versorgten;
- sich eine gesunde Mahlzeit von zu Hause mitbrächten.

Herr Fuchs vertritt die Meinung, eine moderne Kantine sei durchaus in der Lage, ein traditionelles Menü, eins für Vegetarier und ein besonders kalorienarmes anzubieten. Er begrüße also die Einrichtung einer Kantine.

Herr Wolf spricht sich mit Nachdruck ebenfalls für die Einrichtung einer Kantine aus.

Frau Bär formuliert den einstimmigen Beschluss des Betriebsrats:

> „Der Betriebsrat beschließt einstimmig, sich für die Einrichtung einer Kantine im Neubau einzusetzen.“

Sie schließt die Sitzung und wünscht allen noch einen erfolgreichen und schönen Arbeitstag.

Wichtige Konjunktivformen

Konjunktiv I ich/er/sie/es sie (Mehrzahl) **Konjunktiv II** ich/er/sie/es sie (Mehrzahl)	**sein** sei seien wäre wären	**haben** habe haben hätte hätten	**werden** werde werden würde würden	**gehen**[1] gehe gehen ginge gingen
Konjunktiv I ich/er/sie/es sie (Mehrzahl) **Konjunktiv II** ich/er/sie/es sie (Mehrzahl)	**legen**[2] lege legen läge lägen	**folgen**[3] folge folgen folgte folgten	**dürfen** dürfe dürfen dürfte dürften	**können** könne können könnte könnten
Konjunktiv I ich/er/sie/es sie (Mehrzahl) **Konjunktiv II** ich/er/sie/es sie (Mehrzahl)	**mögen** möge mögen möchte möchten	**müssen** müsse müssen müsste müssten	**sollen** solle sollen sollte sollten	**wollen** wolle wollen wollte wollten

1 Starkes Verb – Konjunktiv II ohne Umlaut
2 Starkes Verb – Konjunktiv II mit Umlaut
3 Schwaches Verb – Konjunktiv II gleich Indikativ Präteritum

Diktierregeln

Schreibgerecht diktieren

Die Norm DIN 5009 „Diktierregeln“ legt fest, wie Sie „schreibgerecht“ diktieren. Die „Diktierregeln“ sind für Diktierende und Schreibende gleichermaßen wichtig.
Schreibgerecht ist das Fonodiktat, wenn der Diktierende die Arbeitsabläufe der Textverarbeitung berücksichtigt und die nötigen Hinweise mit den richtigen Konstanten und Anweisungen gibt.

Konstanten

Feststehende Benennungen (z. B. für Satzzeichen) heißen KONSTANTEN. Der Schreibende kennt sie (aus dem Duden oder der Norm DIN 5008 „Schreib- und Gestaltungsregeln für die Textverarbeitung“). Viele Diktierende sagen die Kommas nicht an. Werden Kommas angesagt, müssen sie im ganzen Diktat angesagt werden.
Neben den Satz- und Sonderzeichen zählen zu den Konstanten: *groß, klein, tief, römisch, Schrägstrich, Summenstrich, neue Zeile, Absatz, nächstens, postalischer Vermerk, Anschrift, Postleitzahl, Informationsblock, Betreff, Ende dieses Schriftstücks, Diktatende.*

Fonotext:

Ihr Angebot über Büroleuchten gefällt uns sehr gut – *Punkt*

Wir bitten Sie – *Komma* – uns zwo Geräte – *Anführungszeichen* – Titania – *Anführungszeichen* – recht bald zu liefern – *Punkt*

Klartext:

Ihr Angebot über Büroleuchten gefällt uns sehr gut.

Wir bitten Sie, uns zwei Geräte „Titania“ recht bald zu liefern.

Anweisungen

Im Gegensatz zu den Konstanten, die ohne zusätzliche Hilfen angesagt werden, müssen ANWEISUNGEN durch „Stopp“ eingeleitet und durch „Text“ beendet werden. Anweisungen betreffen vor allem Hervorhebungen (z. B. *fett, kursiv, Zentrieren, Einrücken, Fluchtlinie, Tabelle, Aufstellung, Grafik*). Auch das Buchstabieren von Namen wird durch „Stopp“ und „Text“ eingegrenzt.

Fonotext:	**Klartext:**
Der Deckenfluter – *Stopp* – Fettschrift Opus – *Text* – ist in Ihrer Preisliste nicht enthalten – *Punkt*	Der Deckenfluter **Opus** ist in Ihrer Preisliste nicht enthalten.
Gibt es die Tischleuchte – *Stopp* – *Großbuchstaben* – Helios – *Text* – auch in mehreren Ausführungen – *Fragezeichen*	Gibt es die Tischleuchte HELIOS auch in mehreren Ausführungen?

Ziffern, Zahlen und Daten

Sagen Sie Zahlen besonders deutlich an. Schon im Alltag wird für zwei oft „zwo“ gesagt, um Hörfehler zu vermeiden, etwa beim Telefonieren.
Zahlen und alphanumerische Daten werden ziffernweise von links angesagt. **Beispiele:** 52 632 = fünf zwo – *leer* – sechs drei zwo; Postfach 23 07 = Postfach zwo drei – *leer* – null sieben.
Diktiert wird also „zwo“ für zwei. Die Monatsnamen *Juni* und *Juli* heißen in der Diktatsprache (wie beim Telefonieren) „Juno“ und „Julei“.
Ausnahmen bilden Kalenderdaten, Währungsbeträge, Längen (Maße) und Massen (Gewichte). Beispiel: 8. Juni 2020 = achter Juno zwotausendzwanzig.

Buchstabieren

Schwierige Benennungen oder Begriffe, die der Schreibende nicht kennt, sind zu buchstabieren und wie alle ANWEISUNGEN durch „Stopp“ und „Text“ einzugrenzen. Manchmal genügt ein Teilbuchstabieren.
Verwenden Sie zum Buchstabieren keine Fantasiewörter, sondern nur die Buchstabierwörter der postalischen Buchstabiertafel.

Buchstabiertafel

A	Anton	F	Friedrich	M	Martha	S	Samuel	W	Wilhelm
Ä	Ärger	G	Gustav	N	Nordpol	Sch	Schule	X	Xanthippe
B	Berta	H	Heinrich	O	Otto	ß	Eszett	Y	Ypsilon
C	Cäsar	I	Ida	Ö	Ökonom	T	Theodor	Z	Zacharias
Ch	Charlotte	J	Julius	P	Paula	U	Ulrich		
D	Dora	K	Kaufmann	Q	Quelle	Ü	Übermut		
E	Emil	L	Ludwig	R	Richard	V	Viktor		

Erläuterungen

Alle Buchstabierwörter sind mindestens zweisilbig (um Hörfehler auszuschließen). Merken Sie sich vor allem die Buchstabierwörter für die Umlaute: *Ärger, Ökonom, Übermut* sowie für die Lautverbindungen *ch* = *Charlotte* und *sch* = *Schule*.
Cäsar = röm. Feldherr und Staatsmann (100 – 44 v. Chr.); davon abgeleitet Kaiser und Zar. Xanthippe = Frau des gr. Philosophen Sokrates (470 – 399 v. Chr.); sie wurde (wohl fälschlich) zum Typ der zänkischen Ehefrau.

Fonotext:	**Klartext:**
Unser neuer Mitarbeiter – *Komma* – Herr – *Stopp – ich buchstabiere Schülex* – Charlotte Ypsilon Ludwig Emil Xanthippe – *Komma – Text* – wird Sie besuchen – *Punkt*	Unser neuer Mitarbeiter, Herr Chylex, wird Sie besuchen.

Wichtige Abkürzungen

Abt.	Abteilung
AG	Aktiengesellschaft
Best.-Nr.	Bestellnummer
BGB	Bürgerliches Gesetzbuch
BIC	Bank Identifier Code
BRT	Bruttoregistertonne
bzw.	beziehungsweise
c od. ct	Cent
c/o	care of (bei, per Adresse)
Co. oder Co	Kompanie (Firma)
dgl.	der-, desgleichen
d. h.	das heißt
DIN	Deutsches Institut für Normung e. V.
Dipl.-Ing.	Diplomingenieur
d. J.	dieses Jahres
d. M.	dieses Monats
eGmbH oder EGmbH	eingetragene Genossenschaft mit beschränkter Haftpflicht
eGmuH oder EGmuH	eingetragene Genossenschaft mit unbeschränkter Haftpflicht
e. K.	eingetragene(r) Kauffrau/Kaufmann
e. Kfm.	eingetragener Kaufmann
e. Kffr.	eingetragene Kauffrau
EUR	Euro
E. V. od. e. V.	eingetragener Verein
evtl.	eventuell
Fax	Telefax
g	Gramm
GewO	Gewerbeordnung
gez.	gezeichnet
ggf.	gegebenenfalls
GmbH	Gesellschaft mit beschränkter Haftung
HGB	Handelsgesetzbuch
i. A.	im Auftrag
IBAN	internationale Bankleitzahl
IHK	Industrie- und Handelskammer
i. V.; I. V.	in Vertretung; in Vollmacht
jr.	j(J)unior
Kfz	Kraftfahrzeug
kg	Kilogramm
KG	Kommanditgesellschaft
KGaA	Kommanditgesellschaft auf Aktien
km	Kilometer
l	Liter
lfd.	laufend
lfd. Nr.	laufende Nummer
Lkw	Lastkraftwagen
lt.	laut
LZB	Landeszentralbank
m	Meter
MdB	Mitglied des Bundestages
MdL	Mitglied des Landtages
m. E.	meines Erachtens
MEZ	mitteleuropäische Zeit
Mio.	Million(en)
Mrd.	Milliarde(n)
m. W.	meines Wissens
n. J.	nächsten Jahres
n. M.	nächsten Monats
Nr.	Nummer
OHG	offene Handelsgesellschaft
p	Punkt (z. B. Schriftgröße: 8 p)
Pkw	Personenkraftwagen
Pos.	Position
ppa. oder pp.	per procura
Prof.	Professor
rd.	rund
sen.	s(S)enior
Std.	Stunde
StPO	Strafprozessordnung
StVO	Straßenverkehrsordnung
s. u.	siehe unten
t	Tonne
Tel.	Telefon
TÜV	Technischer Überwachungs-Verein
u. Ä.	und Ähnliches
u. a.	und and[e]re, und and[e]res, unter and[e]rem, unter and[e]ren
u. a. m.	und anderes mehr
u. E.	unseres Erachtens
usf.	und so fort
usw.	und so weiter
u. U.	unter Umständen
u. W.	unseres Wissens
verh.	verheiratet
verw.	verwitwet
vgl.	vergleiche
v. H.	vom Hundert
v. J.	vorigen Jahres
vorm.	vormals
z. B.	zum Beispiel
z. T.	zum Teil
zz. od. zzt.	zurzeit

Schreibung der Straßennamen

Wichtige Grundwörter

Die meisten Straßennamen sind zusammengesetzt aus Bestimmungswort und Grundwort. Neben *Straße, Gasse, Weg, Platz* gibt es noch viele andere Grundwörter, z. B. *Allee, Anlage, Berg, Brücke, Chaussee, Damm, Feld, Graben, Hof, Kai, Kamp, Kreuz, Markt, Pfad, Promenade, Ring, Steg, Steig, Tor, Ufer, Wald, Werft, Wiese, Winkel, Zeile.*

1. **Regel:** Das Bestimmungswort ist ein Substantiv (Hauptwort), ein Adjektiv (Eigenschaftswort) **ohne** Endung oder ein einfacher Name = Zusammenschreibung:

   Burgstraße, Hochweg, Schillerallee, Goetheplatz, Kölnhof

2. **Regel:** Die Bestimmung besteht aus mehreren Wörtern = Fügung durchkoppeln:

   Paul-Klee-Straße, Pfarrer-Kneipp-Ufer, Graf-v.-Platen-Promenade

3. **Regel:** Die Bestimmung besteht aus einem Adjektiv (Eigenschaftswort) **mit** Endung = Getrenntschreibung:

   Hohe Straße, Alte Gasse, Langer Weg, Breites Feld

4. **Regel:** Die Bestimmung ist eine Ableitung eines Orts- oder Ländernamens auf *-er* oder *-isch* = Getrenntschreibung:

   Kölner Straße, Elsässer Chaussee, Dänischer Weg

5. **Regel:** Die Bestimmung besteht aus mehreren Wort**arten,** z. B. Präposition (Verhältniswort), Artikel (Geschlechtswort), Adjektiv (Eigenschaftswort) = alle Wörter großschreiben, außer dem Artikel:

   Am Langen Burggraben, Hinter dem Neuen Platz,
   Im Engen Winkel

6. **Regel:** Werden mehrere Straßennamen zusammengefasst, so ist ein Ergänzungsstrich (Kurzstrich) zu setzten, wenn ein Teil der Zusammensetzung erspart wird:

   Ecke (der) Burg- und Bahnhofstraße, Ecke Burg-/Bahnhofstraße, Ecke (der) Burg und Kölner Straße, Ecke Burg-/Kölner Straße, Ecke (der) Burg- und Paul-Klee-Straße, Ecke Burg-/Paul-Klee-Straße, Ecke (der) Paul-Klee- und Burgstraße, Ecke Paul-Klee-/Burgstraße

   Der Verkehrsunfall ereignete sich Ecke Burg- und Bahnhofstraße.

Bitte beachten Sie: In der Schweiz werden Straßennamen mit der Ableitung eines geografischen Namens auf *-er* zusammengeschrieben:

Winterthurerstrasse, Engadinerweg, Hottingerplatz

Wichtige Neuschreibungen[1]

A
Abend, gestern/heute/morgen –
abwärtsgehen (schlechter werden)
Acht, außer – lassen
achtgeben/Acht geben
allein erziehend/alleinerziehend
alles Mögliche, man redet über –
alles Übrige
allgemein verständlich/allgemeinverständlich
allgemeinbildend/allgemein bildend
allgemeingültig/allgemein gültig
allzu oft/sehr/selten/viel
Alt und Jung, für –
an Eides/Kindes statt
aneinander denken : aneinandergeraten
angst (und bange) sein
Angst (und Bange) machen
Argen, im – liegen
auf dem Laufenden bleiben, sein
aufgrund/auf Grund
aufsehenerregend/Aufsehen erregend
aufseiten/auf Seiten
aufwendig/aufwändig
aufeinander achten : aufeinandertreffen
auseinandergehen, -halten, -setzen
außerstande/außer Stande sein

B
bankrottgehen : Bankrott machen
bekannt geben/bekanntgeben
bekannt machen/bekanntmachen
Besonderen, im – erwähnen
Beste, ich halte es für das –
bleiben lassen/bleibenlassen
breit gefächert/breitgefächert

D
dahinterkommen (entdecken)
darauf folgenden/darauffolgenden, am – Tag
darunter leiden : darunterstellen
das Richtige, das ist –
Daten verarbeitend/datenverarbeitend
Derartiges bemerken
des Weiteren
dessen ungeachtet
Dienstagabend
dienstagabends; dienstags abends
dortbleiben : dort wohnen
Dritte Welt, die
Dritte, jeder
du/Du, dein/Dein, dich/Dich, dir/Dir (in Briefen)
durcheinanderbringen

E
ebenso gut/lange/oft/sehr/viel
eigen, sich zu – machen
Einfachste, das – ist, wenn
einiggehen
Einzelne, bis ins –
Einzelne, der/die/das; jeder –
eislaufen, ich laufe eis
eng verwandt/engverwandt
ernst gemeint/ernstgemeint
Erste Hilfe
erste Mal, das; zum ersten Mal
existenziell/existentiell

F
fallen lassen
fernbleiben, -halten, -liegen
fertig bekommen/fertigbekommen
fest angestellt/festangestellt
fett gedruckt/fettgedruckt
flüssig machen (verflüssigen) : flüssigmachen (Geld)
Folgenden, wie im – erläutert
Folgendes, es ist – zu sagen
früh verstorben/frühverstorben

G
gegeneinander antreten : gegeneinanderprallen

[1] Bei Doppelschreibungen wird die erste Schreibung empfohlen.

geheim bleiben, halten
genau genommen/genaugenommen
genauso gut/lang/oft/viel/wenig
gerade biegen/geradebiegen (Eisen) : geradebiegen (klären)
gerade stehen (aufrecht) : geradestehen (für etwas aufkommen)
gering schätzen/geringschätzen
gestern Abend/Mittag/Morgen/Nacht
getrennt lebend/getrenntlebend
gleichlautend/gleich lautend
Gleiche, aufs – hinauskommen
groß angelegt/großangelegt
groß schreiben (in großer Schrift)
Groß und Klein, für –
Große Anfrage (im Parlament)
großschreiben (mit großem Anfangsbuchstaben)
gut aussehend/gutaussehend
gut unterrichtet/gutunterrichtet

H

haltmachen/Halt machen
hängen bleiben/hängenbleiben
heimlichtun
heute Abend/Mittag/Morgen/Nacht
hierbleiben : hier wohnen
hochaktuell
hochindustrialisiert
Hohes Haus (Parlament)

I

im Allgemeinen
im Besonderen
im/in/mit Bezug
im Einzelnen
im Ganzen gesehen
im Großen und Ganzen
im Klaren sein
im Mindesten, im mindesten, nicht –
im Nachhinein
im Übrigen
im/zum Voraus
im Wesentlichen
infrage kommen/in Frage kommen
irgendetwas
irgendjemand

J

-jährig: 3-jährig, der 3-Jährige
jedes Mal
Jung und Alt, für –

K

kennen lernen/kennenlernen
klar werden/klarwerden
klein gemustert/kleingemustert
Kleinste, bis ins –
Klügste, es wäre das –
kopfstehen, ich stehe kopf
krankmelden, -schreiben
kurz gefasst/kurzgefasst
kürzertreten (sich einschränken)

L

lang gestreckt/langgestreckt
leichtfallen (keine Anstrengung)
leicht machen/leichtmachen (keine Anstrengung)
leicht verständlich/leichtverständlich
leidtun, tut mir leid : leid sein
Letzte, das –, was man tut
Letzter, als – fertig sein
liegen bleiben/liegenbleiben

M

-mal: 2-mal, zweimal
Mal, das achte –; zum achten Mal(e) : achtmal
maßhalten/Maß halten
mithilfe/mit Hilfe
Mittag, gestern/heute/morgen –
morgen Abend/Mittag/Nacht

N

Nächste, der –, bitte!
nahebringen, -treten
näher kommen (Termin) : näherkommen (sich)
nebeneinanderliegen, -stellen
neu eröffnet/neueröffnet
Neue, aufs – versuchen
nichtssagend/nichts sagend

O

oben stehend/obenstehend
oder Ähnliches (Abk.: o. Ä.)
offen lassen (Tür) : offenlassen (Frage)
Öfteren, des
Orthografie/Orthographie

P

Paragraf/Paragraph
platzieren, Platzierung
Pleite machen : pleite sein : pleitegehen
-prozentig: 5-prozentig

R

Rad fahren, -schlagen
rau, raue, rauer, raues; Raufaser
recht/Recht bekommen, geben, haben, tun
richtig stellen (Uhr) : richtigstellen (Aussage)
rückwärts einparken : rückwärtsfallen
ruhen lassen/ruhenlassen (Verfahren)

S

sauber machen/saubermachen
schief gehen (Haltung) : schiefgehen (misslingen)
schlecht gehen (in Schuhen) :
schlechtgehen (finanziell)
Schuld haben : schuld sein
Schwarze/schwarze Brett
schwer fallen (stürzen) : schwerfallen (Aufgabe)
schwer verständlich/schwerverständlich
selbstständig/selbständig
sitzenbleiben (nicht versetzt werden)
so viel wie möglich : soviel ich weiß
so weit wie möglich : soweit mir bekannt ist
sodass/so dass
stecken lassen (Schlüssel)
steckenlassen/stecken lassen (Geld)
stehen bleiben (nicht weitergehen)
stehen bleiben/stehenbleiben (Uhr)
streng genommen/strenggenommen
substanziell/substantiell

T

-tägig: 2-tägig, zweitägig
tief empfunden/tiefempfunden
Tipp
trocken reiben/trockenreiben
Trockenen, auf dem – bleiben

U

übel nehmen/übelnehmen
überhandnehmen
übrig bleiben (Rest)
übrig bleiben/übrigbleiben (keine andere Wahl haben)
Übriges, ein – tun
umso mehr/größer/weniger
unrecht/Unrecht behalten, bekommen, haben
unten stehend/untenstehend
untereinander ausmachen : untereinanderschreiben

V

verloren gehen/verlorengehen
viel gelesene/vielgelesene, das – Buch
vorliebnehmen
vorwärtsgehen, -kommen

W

weitreichend/weit reichend
weitverbreitet/weit verbreitet
wieder eröffnen/wiedereröffnen
wie viel

Z

Zeit lang/Zeitlang, eine –
zufriedenstellen/zufrieden stellen
zugutehalten, -kommen
zurzeit (Abk.: zz. oder zzt.)

Worttrennung am Zeilenende

Grundprinzip

Deutsche Wörter trennen Sie nach Sprechsilben, wie sie sich beim langsamen Vorlesen ergeben. Zusammengesetzte Wörter und Wörter mit Vorsilben trennen Sie nach ihren erkennbaren Bestandteilen.

1. Regel: Ein einzelner Konsonant (Mitlaut) im Wortinnern kommt auf die neue Zeile. Von mehreren Konsonanten wird nur der letzte abgetrennt:

La- ger, flei- ßig, Ma- le- rin, Quan- ti- tät, Spa- ni- en, Win- ker, Kar- ten, brin- gen, Ras- pel, Leis- tung, Sys- tem, Imp- fung, emp- fiehlt, sump- fig, Fens- ter, güns- tig

2. Regel: Ein einzelner Vokal (Selbstlaut) darf nicht abgetrennt werden:

Abend, äsen, Efeu, Idee, oder, Öse, Ufer, Übung : Au- ge, äu-ßern

3. Regel: Die Konsonantenverbindungen (Mitlautverbindungen) *ch*, *ck* und *sch*, in Fremdwörtern auch *ph*, *rh*, *sh* und *th* bleiben ungetrennt:

si- cher, Bä- cker, Ta- sche, Stro- phe, Myr- rhe, Bu- shel, Zi- ther

4. Regel: Zusammengesetzte Wörter und Wörter mit Vorsilben werden nach ihren Bestandteilen getrennt:

Diens- tag, Week- end, Ver- trag, Pro- gramm, In- stanz

5. Regel: Wird ein Wort nicht mehr als Zusammensetzung erkannt oder empfunden, so ist auch die Trennung nach Sprechsilben korrekt:

da- rauf (dar- auf), he- raus (her- aus), hi- nüber (hin- über), ei- nander (ein- ander), vo- rüber (vor- über), wo- rin (wor- in), wa- rum (war- um)

Fremdwörter und Eigennamen werden nach neuer deutscher Rechtschreibung bevorzugt so getrennt, dass die folgende Silbe nur mit **einem** Kosonanten beginnt. Ausnahmen th und ph = Apo-the-ke, phi-lo-so-phie-ren.

a) Konsonantengruppen mit nachlautendem *l* oder *r* sowie *gn* und *kn*

Pub- likum (Pu- blikum), Dip- lom (Di- plom), Zyk- lus (Zy- klus), Feb- ruar (Fe- bruar), Hyd- rant (Hy- drant), neut- ral (neu- tral), Chiff- re (Chif- fre), Indust- rie (Indu- strie), Mag- net (Ma- gnet), Pyk- niker (Py- kniker)

b) andere Fälle

Chi- rurg (Chir- urg), Inte- resse (Inter- esse), Mik- roskop (Mi- kroskop), Pä- dagoge (Päd- agoge), pa- rallel (par- allel), Pul- lover (Pull- over), Vi- tamin (Vit- amin)

TIPP: Vermeiden Sie Worttrennungen, die den Leseablauf stören:

nicht: bein- halten, sondern: be- inhalten
nicht: beste- hende, sondern: be- stehende
nicht: Spargel- der, sondern: Spar- gelder

Korrekturzeichen

Falsche Buchstaben werden senkrecht durchgestrichen und auf dem Rand durch die richtigen ersetzt. Sind in derselben Zeile mehrere Buchstaben zu korrigieren, erhalten die senkrechten Striche noch Querstriche:

```
Grundtegel: Jedes Kirrekturzeichen auf den Rand        |r  Lo  ˥m
wiederjolen; Önderung rechts daneben schreiven.        |h  ˥Ä  Lb
```

Falsche Wörter werden mit dem großen H durchgestrichen und auf dem Rand durch die richtigen ersetzt:

```
Die Größe des H-Querbalkens richter sich natür-        ⊢⊣Länge  |t
lich nach der Länge des betreffenden Wortes. Sind      ⊢⊣jeweiligen
Sie im der Lage, alle Korrekturen auszuführen?         |n  ⊢⊣diese
```

Überflüssige Buchstaben und Wörter werden durchgestrichen und auf dem Rand durch das Tilgungszeichen ₰ angezeichnet:

```
Das Tiilgungszeichen ist ein verschnörkeltes „d“;      |₰
es steht nun für (lat.) deleatur: „es werde getilgtt“. ⊢⊣₰  |₰
Üben Sie bitte dieses neue Zeichen.
```

Fehlende Buchstaben werden angezeichnet, indem der vorangehende oder folgende Buchstabe durchgestrichen und zusammen mit dem fehlenden wiederholt wird. Es kann auch das ganze Wort oder die Silbe durchgestrichen und auf dem Rand berichtigt werden.

```
Die Korekturzeichen sind gan einfach. Man muss sich    |rr  Lnz
natülich gründlich damit beschäftigen.                 |rl
Hbne Sie sich damit schon etwas angefreundet?          ⊢⊣Haben
```

Fehlende oder überflüssige Satzzeichen werden wie fehlende oder überflüssige Buchstaben behandelt:

```
Sie werden bald Freude daran haben mit diesen einheit-  |n,
lichen Korrekturzeichen, zu arbeiten.                   L₰
```

Verstellte Buchstaben werden durchgestrichen und am Rand richtig angegeben:

```
Schrieben Sie immer gleichmäßig und ruhig.              ⊔ei
```

Verstellte Zahlen sind immer ganz zu durchstreichen und in der richtigen Ziffernfolge an den Rand zu schreiben:

```
Erst seit 1791 gibt es Mikroprozessoren.                ⊢⊣1971
```

Fehlender Wortzwischenraum wird mit ⅂ bezeichnet, überflüssiges Leerzeichen durch ↑ gekennzeichnet:

```
Ruhiges Schreiben istfür Sie sehr wichtig.              ⅂
Bitte beachten ↑ Sie das von Anfang an.                 ↑
```

Fehlende Wörter werden in der Lücke durch Winkelzeichen ⌈ kenntlich gemacht und auf dem Rand angegeben:

```
Die Zeichen⌈eigentlich für sich. Deshalb werden Sie     ⌈sprechen
die Korrekturzeichen⌈beherrschen.                       ⌈bald
```

Verstellte Wörter werden durch das Umstellungszeichen ⊓⊔ gekennzeichnet. Bei größeren Umstellungen werden die Wörter beziffert:

```
Bei Umstellungen kleinen nur Umstellzeichen.            ⊓⊔
Anfang aller schwer ist. Dieses Sprichwort              1–4  LA
selbstverständlich auch gilt für Korrekturen.           1–5
```

Ein Absatz wird durch das Zeichen ⌐ im Text und am Rand gekennzeichnet. Das Anhängen eines Absatzes wird durch eine verbindende Schleife ⌒ gekennzeichnet:

```
... mit guter Übersicht.⌐Absätze sind vom               ⌐
vorhergehenden und vom folgenden Text je-
weils durch eine Leerzeile zu trennen.
Sie müssen dann also zweimal die Entertaste (Returntaste) betätigen.
```